MUSÉE LITTÉRAIRE DU SIÈCLE, A 20 CENTIMES LA LIVRAISON

EUGÈNE SCRIBE

JUDITH
ou
LA LOGE D'OPÉRA

Prix : 30 cent.

PARIS
MICHEL LÉVY FRÈRES, LIBRAIRES-ÉDITEURS
RUE VIVIENNE, 2 BIS
BUREAUX DU JOURNAL LE SIÈCLE, RUE DU CROISSANT, 16
1853

JUDITH
OU LA LOGE D'OPÉRA

PAR

EUGENE SCRIBE.

I.

C'est un beau théâtre que l'Opéra de Paris; et je ne parle pas ici des merveilles qu'il déploie à nos yeux, de la grâce aérienne de Taglioni, du charme magique des Elssler, du talent si puissant de Nourrit, Talma de la tragédie lyrique; je ne parle pas des accords savants de Meyerbeer, l'honneur de l'Allemagne, ni des chants gracieux et inépuisables d'Auber, le premier de nos compositeurs s'il n'avait pas le malheur d'être notre compatriote. Je laisse de côté le prestige des décorations, des costumes et de la danse; encore une fois, je ne parle pas ici du théâtre de l'Opéra : je ne parle que de la salle. C'est là un spectacle bien autrement curieux, gracieux, coquet, brillant. Regardez autour de vous, et si ce soir vous avez le loisir d'observer, si vous êtes de bonne humeur, si vous n'avez pas perdu votre argent à la Bourse ou entendu un mauvais discours à la chambre, si votre maîtresse ne vous a pas trahi, ou si votre femme ne vous a pas cherché querelle, si vous avez fait un bon dîner avec des gens d'esprit, ou mieux encore avec de vrais amis, placez-vous à l'orchestre de l'Opéra : tournez votre lorgnette, non du côté des coulisses, mais du côté des balcons, de l'amphithéâtre, et surtout des premières loges... Que de tableaux piquants et variés! que de scènes de comédie, et souvent même que de scènes de drame!!! Et notez bien que je ne veux pas que vous sortiez de l'observatoire où je viens de vous placer; car que serait-ce si, quittant votre stalle d'orchestre et prenant le bras d'un ami, vous vous hasardiez dans le foyer de l'Opéra? Vous n'y pourriez faire un pas sans vous heurter contre une ambition ou un ridicule, sans froisser en passant un député, un homme d'État d'aujourd'hui, un ministre d'hier, une réputation de la semaine, un orgueil de tous les jours; et là, autour de cette large cheminée, ce monsieur en gants jaunes qui raconte ses courses du matin et ses paris au bois de Boulogne; ce journaliste orateur qui récite dans sa conversation son feuilleton du lendemain; ce dandy qui vit aux dépens d'une actrice et la paye en éloges; cet autre qui se ruine pour elle et se croit obligé d'énumérer ses perfections, comme pour justifier aux yeux de ses amis le placement de ses fonds; tout ce bruit, ce fracas, ce pêle-mêle d'amours-propres et de prétentions, fourniraient de quoi écrire cent volumes, et je ne veux vous dire ici qu'une historiette. Un soir, c'était, si je m'en souviens, à la fin de l'année 1831, mademoiselle Taglioni dansait. Il y avait foule : les curieux étaient échelonnés sur les marches, et les tabourets supplémentaires fournis par l'ouvreur de l'orchestre formaient une espèce de retranchement et de barricade que j'eus grand'peine à franchir au milieu des *Paix-là!* et des *Silence!* des amateurs dont je troublais le plaisir ; car, lorsque danse mademoiselle Taglioni, non-seulement on regarde, mais on fait silence. On écoute ! Il semble que les yeux ne suffisent pas pour admirer ! Je me trouvais donc fort embarrassé de ma personne, debout auprès de quelques amis qui m'avaient donné rendez-vous, mais qui, trop serrés eux-mêmes, ne pouvaient me faire place, lorsqu'un jeune homme se lève et m'offre la sienne, que je refusai, comme vous le pensez bien, ne voulant pas le priver du plaisir d'assister commodément au spectacle.—Vous ne me privez pas, me dit-il, j'allais sortir. — J'acceptai alors en remerciant, et, prêt à s'éloigner, mon obligeant voisin jette un dernier regard sur la salle, s'arrête un instant, et, s'adossant contre la loge du général Claparède, semble chercher quelqu'un des yeux; puis, tombant tout à coup dans une profonde rêverie, il ne songea plus à partir. Il avait bien raison de dire que je ne le priverais pas du spectacle; car, tournant le dos à la scène, ne voyant rien, n'écoutant plus rien, il semblait avoir totalement oublié le spectacle et l'endroit où il était. Je l'examinai alors : il était impossible de voir une figure plus expressive, plus belle et plus distinguée. Vêtu avec une élégante simplicité, tout, dans ses manières et dans ses moindres gestes, était noble, comme il faut et de bon goût. Il avait l'air d'avoir vingt-cinq à vingt-huit ans; ses grands yeux noirs étaient constamment fixés sur une loge de face des secondes, qu'il regardait avec une expression de tristesse et de désespoir indéfinissable. Malgré moi, je retournai la tête dans cette direction, et je vis que cette loge était restée vide. « Il attendait quelqu'un qui n'est pas venu, me disais-je ; elle lui a manqué de parole... ou elle est malade... ou un mari jaloux l'a empêchée de venir... Et il l'aime!... et il l'attend!... Pauvre jeune homme! » Et j'attendis comme lui, et je le plaignis, et j'aurais donné tout au monde pour voir ouvrir la porte de cette loge qui restait constamment fermée !

Le spectacle était près de finir, et pendant deux ou trois

scènes où les premiers sujets ne dansaient plus et où l'on causait presque à voix haute, on avait parlé du *Robert-le-Diable*, qui alors était à l'étude et que l'on devait donner dans quelques jours ; mes amis me questionnaient sur la musique, sur les ballets, sur l'acte des nonnes, et tous me demandaient instamment à assister aux dernières répétitions. C'est une chose si curieuse et si intéressante pour les gens du monde qu'une répétition à l'Opéra ! Je promettais de les y conduire, et nous nous levions tous pour sortir, car le rideau venait de se baisser, et, me trouvant à côté de mon inconnu, toujours immobile à la même place, je lui exprimais mes regrets d'avoir accepté son offre, et le désir de pouvoir reconnaître son obligeance. Rien ne vous est plus facile, me dit-il : je viens d'apprendre, monsieur, que vous êtes monsieur Meyerbeer. — Je n'ai pas cet honneur. — Enfin, vous êtes un des auteurs de *Robert-le-Diable* ? — Tout au plus ; j'ai écrit les paroles. — Eh bien ! monsieur, permettez-moi d'assister à la répétition de demain. — Il y a encore si peu d'ensemble, que je n'ose y inviter que mes amis. — Raison de plus pour que j'insiste, monsieur. — Et moi, trop heureux, lui dis-je, que vous veuilliez me faire une pareille demande. — Il me serra la main, et le jour fut pris pour le lendemain.

Il fut exact au rendez-vous. En attendant que la répétition commençât, nous nous promenâmes quelques instans sur le théâtre. Il causait d'une manière grave et pourtant aimable et spirituelle ; mais il était aisé de voir qu'il faisait des efforts pour soutenir la conversation, et que quelque autre pensée le préoccupait. Nos jolies dames de la danse et du chant arrivaient successivement. Plusieurs fois je le vis tressaillir, et un instant son émotion fut telle qu'il s'appuya contre une coulisse. Je crus deviner alors qu'il avait pour une de nos déesses quelque passion malheureuse. Supposition que son âge et sa figure rendaient peu vraisemblable. En effet, je me trompais. Il ne parla à personne, ne s'approcha de personne, et, du reste, personne ne le connaissait.

La répétition commença. Je le cherchai à l'orchestre parmi les amateurs ; je ne l'y trouvai pas, et, quoique la salle fût à peine éclairée, je crus l'apercevoir dans la loge de face qu'il contemplait la veille avec une émotion si profonde. Je voulus m'en assurer, et, à la fin de la répétition, après l'admirable trio du cinquième acte, je montai aux secondes. Meyerbeer, qui avait à me parler, m'accompagnait. Nous arrivons à la loge, dont la porte était entr'ouverte, et nous voyons l'inconnu la tête cachée dans les mains. A notre entrée, il se retourne brusquement et se lève ; sa figure pâle était couverte de larmes. Meyerbeer tressaillit de joie, et, sans lui dire un mot, lui serra la main d'un air affectueux, comme pour le remercier. L'inconnu, cherchant à se remettre de son trouble, balbutia quelques mots de remerciement et d'éloges tournés d'une manière si vague et si générale, qu'il fut évident pour nous qu'il n'avait pas écouté la pièce, et que depuis deux heures il n'avait pensé à toute autre chose qu'à la musique. Meyerbeer me dit tout bas avec désespoir :

— Le malheureux n'en a pas entendu une note !

Nous descendîmes tous par l'escalier du théâtre, et, traversant la belle et vaste cour qui conduit à la rue Grange-Batelière, l'inconnu salua monsieur Sausseret, qui alors était employé à la location.

J'allai à monsieur Sausseret : Vous connaissez ce beau jeune homme qui s'éloigne ?

— Monsieur Arthur, rue du Helder, n° 7. Je n'en sais pas davantage. Il a loué pour cet hiver une seconde loge de face.

— Il y était tout à l'heure.

— Il y va le matin, à ce qu'il paraît, car le soir il ne l'occupe jamais ; la loge reste toujours vide.

En effet, toute la semaine la porte ne s'ouvrit pas ; la loge resta déserte et personne n'y apparut.

La première représentation de *Robert* approchait, et ce jour-là un pauvre auteur est accablé de demandes de loges et de billets. Vous croyez qu'il a le loisir de penser à sa pièce, aux coupures et aux changemens qui y seraient nécessaires ? nullement. Il faut qu'il réponde aux lettres et aux réclamations qui lui arrivent de tous côtés, et ce sont les dames surtout qui ce jour-là sont les plus exigeantes. — Vous deviez me faire retenir deux loges, et je n'en ai qu'une. — Vous m'aviez promis une avant-scène, et j'ai eu une première. — Vous m'aviez promis le numéro 10, à côté de la loge du général, et vous me donnez le numéro 15, à côté de madame D***, que je ne peux pas souffrir et qui vous écrase toujours avec ses diamans. — Un jour de première représentation est un jour où l'on se fâche avec ses meilleurs amis, qui consentent à vous pardonner quelques jours après, quand vous avez eu un beau succès, mais qui vous tiennent longtemps rigueur en cas de chute ! de sorte qu'on reste brouillé avec eux comme avec le public. — Un malheur n'arrive jamais seul.

Or donc, le matin de la première représentation de *Robert*, il y avait une loge promise par moi à des dames, loge que le directeur m'avait enlevée pour la donner à un journaliste. Je me plaignis. Il me répondit : — C'est pour un journaliste... Vous comprenez, un journaliste... qui vous déteste !!... mais qui, grâce à cette politesse, consentira à dire du bien... de la musique.

L'argument était sans réplique, et puis la loge était donnée. Mais où placer mes jolies dames, dont le courroux était pour moi bien autrement redoutable que celui du journaliste ?... Je pensai à mon inconnu, et je me rendis chez lui.

Son appartement était fort simple et fort modeste, surtout pour un homme qui louait à l'Opéra une loge à l'année. — Monsieur, lui dis-je, je viens vous demander un grand service.

— Parlez.

— Comptez-vous assister à la représentation de *Robert*... dans votre loge ?

Il parut troublé... et me répondit en hésitant : Je le voudrais, mais cela me sera impossible.

— Avez-vous disposé de cette loge ?

— Non, monsieur.

— Voulez-vous me la céder ? vous me tirerez d'un grand embarras.

Le sien augmentait à chaque instant ; il n'osait me refuser... Enfin, et comme faisant un effort sur lui-même, il me dit : J'y consens ; mais à condition que vous ne mettrez dans cette loge que des hommes.

— Justement ! m'écriai-je, je vous la demande pour des dames.

Il garda un instant le silence.

— Parmi ces dames, y en a-t-il une que vous aimiez ?

— Oui, sans doute, répondis-je vivement.

— Alors, prenez ma loge. Aussi bien, je quitte aujourd'hui Paris.

— Je fis un mouvement d'intérêt et de curiosité ; il devina ma pensée, car il serra ma main dans les siennes et me dit : Vous comprenez bien qu'il se rattache à cette loge des souvenirs bien chers et bien cruels... que je ne puis confier à personne... A quoi bon se plaindre ?... quand on est malheureux sans espoir... et qu'on l'est par sa faute ?

Le soir eut lieu la première représentation de *Robert*, et mon ami Meyerbeer eut un immense succès qui retentit dans toute l'Europe. Depuis, bien d'autres événemens littéraires ou politiques, bien d'autres triomphes, bien d'autres chutes se sont succédé. Je ne revis plus monsieur Arthur. — je n'y pensais plus... je l'avais oublié.

L'autre soir, je me trouvais encore à l'Opéra, à droite de l'orchestre. Cette fois on ne donnait pas *Robert*, — on donnait les *Huguenots*. — Cinq ans s'étaient écoulés.

— Vous arrivez bien tard, me dit un de mes amis, un professeur en droit, abonné de l'Opéra, qui a autant d'esprit le soir que d'érudition le matin. — Et vous avez grand tort, me dit en me frappant sur l'épaule un petit homme vêtu de noir, à la voix aigre et à la tête poudrée. — Je me retournai : c'était monsieur Baraton, le notaire de ma famille.

— Vous ici ! m'écriai-je ; et votre étude ?
— Vendue depuis trois mois. Je suis riche, je suis veuf, j'ai la soixantaine ; j'ai été vingt ans marié et trente ans notaire... il est temps que je m'amuse...
— ..... Et monsieur, dit le professeur en droit, est depuis huit jours un abonné de l'orchestre.
— Oui, vraiment ; j'aime à rire, — j'aime la comédie, et j'ai loué une stalle à l'Opéra.
— Pourquoi pas aux Français ?
— Ce n'est pas si drôle qu'ici !... On y voit et l'on y entend les choses du monde les plus singulières. Ces messieurs savent tout, connaissent tout... il n'y a pas une loge dont ils ne m'aient raconté l'histoire.
Et il regardait le professeur en droit, qui souriait avec cet air modeste et réservé que l'on croit discret, et qui signifie : J'en dirais bien d'autres, si je voulais.
— En vérité ? m'écriai-je, et machinalement mes yeux se tournèrent vers la loge des secondes qui, quelques années auparavant, avait excité si vivement ma curiosité. Quelle fut ma surprise ! elle était encore vide ce soir-là, et, de toute la salle, c'était la seule !
Charmé alors d'avoir aussi une histoire à moi, j'appris en peu de mots à mes auditeurs celle que je viens de vous raconter, beaucoup trop longuement peut-être.
On m'écoutait attentivement. — Mes voisins se perdaient en conjectures. — Le professeur cherchait à rappeler ses anciens souvenirs ; — le petit notaire souriait malignement.
— Eh bien ! leur dis-je, qui de vous, messieurs, qui savez tout, qui connaissez tout, nous donnera le mot de cette énigme ? qui nous racontera l'histoire de cette loge mystérieuse ?
Tout le monde se taisait... même le professeur, qui, passant sa main sur son front pour se rappeler l'anecdote, aurait probablement fini par en inventer une ; mais le notaire ne lui en laissa pas le temps.
— Qui vous dira cette histoire ?... s'écria-t-il d'un air de triomphe : moi, qui en connais tous les détails.
— Vous, monsieur Baraton ?
— Moi-même !
— Parlez ! parlez ! — Et toutes les têtes s'avancèrent vers le narrateur. — Parlez, monsieur Baraton ?
— Eh bien ! dit le notaire d'un air important et prenant une prise de tabac, qui de vous a connu ?... En ce moment le premier coup d'archet se fit entendre.
Et monsieur Baraton, qui tenait à ne pas perdre une note d'introduction, s'arrêta tout court et dit : Au prochain entr'acte.

II.

— Messieurs, dit le notaire au moment où finissait le premier acte des *Huguenots*, nous avons à habiller la reine Marguerite et toutes ses dames d'honneur ; nous avons à mettre en place le château et les jardins de Chenonceaux, et l'entr'acte sera, je crois, assez long pour vous raconter l'histoire que vous désirez connaître. Et après avoir savouré lentement une prise de tabac qui lui donnait le temps de rassembler ses idées, monsieur Baraton commença en ces termes :
— Qui de vous, messieurs, a connu ici la petite Judith ?
Tout le monde se regarda, et les vieux abonnés de l'orchestre ne purent répondre.
La petite Judith, un enfant qui, il y a sept ou huit ans, avait été admise comme figurante de la danse ?
— Attendez, dit le professeur en droit d'un air un peu pédant... une petite blonde qui faisait dans la *Muette* un des pages du vice-roi.
— Elle était brune, dit le notaire ; quant à l'emploi que vous lui attribuez, je n'ai là-dessus aucun document positif, et j'aime mieux m'en rapporter à votre immense érudition.

Le professeur en droit s'inclina.
— Ce qui du moins ne saurait être contesté, c'est que la petite Judith était charmante.
— Un autre point qui paraît authentique, c'est que madame Bonnivet, sa tante, était portière, rue de Richelieu, dans la maison d'un vieux garçon dont elle avait été autrefois la femme de confiance, d'autres disaient la cuisinière, mais madame Bonnivet n'en convenait pas. Du reste, elle tirait le cordon et faisait des ménages, — tandis que sa nièce faisait des conquêtes, car il était impossible de passer devant la loge de la portière sans admirer la petite Judith, qui alors avait à peine douze ans. — C'étaient déjà les plus beaux yeux du monde, des dents comme des perles, une taille délicieuse, et, avec sa robe d'indienne ou de sloff, l'air le plus distingué que l'on pût imaginer ; de plus, une physionomie naïve, candide, et, dans son innocence même, expressive et coquette ; enfin, de ces figures à tourner toutes les têtes et à changer, comme on dit, la face des empires.
On faisait chaque jour tant de complimens à madame Bonnivet sur sa jolie nièce, qu'elle se décida à faire des sacrifices pour son éducation : elle l'envoya à une école gratuite de jeunes filles où l'on lui apprit à lire et à écrire, éducation brillante dont les avantages se firent bientôt sentir à madame Bonnivet elle-même, qui, dans ses fonctions de portière, déchiffrait péniblement les adresses des lettres, et se trompait toujours d'opinions et d'étages dans les journaux à remettre aux locataires.
Judith se chargea de ce soin à la satisfaction générale, et, persuadée qu'avec une figure et une éducation aussi distinguées sa nièce devait arriver sans peine à la fortune, madame Bonnivet n'attendait qu'une occasion ; elle ne tarda pas à se présenter. — Monsieur Rosambeau, maître de ballets, qui demeurait au cinquième, proposa de donner quelques leçons à la petite Judith, et, quelques jours après, madame Bonnivet apprenait à toutes les portières de sa connaissance que sa nièce venait d'être reçue dans les chœurs de l'Opéra ; nouvelle qui se répandit rapidement de porte en porte dans toute l'étendue de la rue Richelieu.
Voici donc Judith installée à l'Opéra, au foyer de la danse, prenant des leçons le matin, et paraissant le soir inaperçue dans les groupes de jeunes filles, de naïades ou de pages, comme le disait tout à l'heure monsieur le professeur.
C'était l'innocence même que Judith, quoique alors elle eût quatorze ans passés ; mais elle avait été élevée dans une maison honnête, dont tous les locataires étaient mariés ; sa tante, qui était d'un rigorisme outré, ne la quittait presque jamais, la conduisait à l'Opéra le matin, l'en ramenait le soir, et restait même au foyer de la danse à tricoter des chaussettes, pendant que sa nièce étudiait et faisait des battemens.
Vous me demanderez ce que devenait pendant ce temps la loge de la rue Richelieu. — C'est ce que je ne saurais vous dire. On a prétendu qu'une amie de madame Bonnivet s'était chargée de l'intérim, en attendant que la petite Judith fît fortune et eût *un sort*.
Car vous savez comme moi, messieurs, que l'on n'entre à l'Opéra que pour avoir un sort, une position. — Après cela on se retire, on est riche, on redevient honnête, et l'on marie sa fille à un agent de change.
— Ou à un notaire... dit le professeur.
— C'est vrai, dit monsieur Baraton en faisant la grimace, cela s'est vu ; — mais vous vous doutez bien que ni madame Bonnivet, ni sa nièce, n'avaient alors des idées de grandeurs pareilles. — Il faut en tout de la progression.
— Et Judith ! m'écriai-je, car je voyais s'avancer l'entr'acte.
— Judith ! m'y voici ! Madame Bonnivet, malgré sa surveillance préventive, ne pouvait empêcher sa nièce de causer avec ses jeunes compagnes. — Le matin, au foyer de la danse, et surtout le soir, quand elles étaient en scène... Il

mite terrible que la tante ne pouvait franchir et où s'arrêtait son inspection vigilante... — Judith entendait alors de singulières choses. — Une des nymphes ou des sylphides ses compagnes lui disait à demi-voix :

— Vois-tu, ma chère, à l'orchestre, à droite, comme il me regarde !

— Qui donc?

— Ce beau jeune homme qui a un gilet de cachemire.

— Qu'est-ce donc ?

— Une inclination à moi.

— Une inclination ? dit Judith.

— Eh ! oui, vraiment ; — quel air étonné ! — Est-ce que tu n'as pas une passion, toi qui parles?

— O mon Dieu, non !

— Dites donc, mesdemoiselles, est-elle amusante !... Judith qui n'a pas d'amoureux !

— Je le crois bien, sa tante ne veut pas.

— En vérité ! Ah ! bien ! si j'avais une tante comme celle-là...

— Ah ! ma chère, n'en dites pas de mal ; c'est une femme qui a des vues sérieuses et utiles, comme il nous en aurait fallu, et qui, pour préserver sa nièce du danger des passions, lui cherche un protecteur.

— Elle ! un protecteur !... elle est trop niaise pour cela ; elle n'en trouvera jamais.

Tout cela se disait pendant les chœurs de la *Vestale*. Judith n'en avait pas perdu un mot; mais elle n'osait en demander à personne l'explication. Mais, sans trop s'en rendre compte, elle se sentait humiliée de l'idée que l'on avait d'elle; elle aurait voulu se venger, abaisser ses bonnes amies, les humilier à son tour. Aussi, lorsque, le soir même, en rentrant, madame Bonnivet prit un air grave et solennel pour annoncer à sa nièce qu'il se présentait un protecteur pour elle, un protecteur distingué, son premier mouvement fut un mouvement de joie... et sa tante, qui était loin de s'y attendre, parut enchantée, et continua d'un air rayonnant :

— Oui, ma chère nièce, une personne recommandable sous tous les rapports, une personne qui assure ton bonheur et un sort à ta tante ; ce qui est bien juste après les peines que lui ont coûtées ton éducation et les soins qu'elle t'a prodigués. Ici la tante essuya quelques larmes ; et Judith, émue de son attendrissement, se hasarda seulement alors à lui demander quel était ce protecteur, et en quoi elle avait mérité cette haute protection.

— Tu sauras, ma chère enfant ; tu le sauras... Mais, en attendant, toutes tes compagnes vont en mourir de dépit.

C'était la seule chose que désirait Judith ; et, le soir, grande en effet fut la rumeur, quand cette nouvelle circula dans le foyer de la danse. — Est-il possible ? — Je te l'assure. — Ça n'est pas croyable. — Une mijaurée pareille ! est-elle heureuse !... — Une figurante, une choristo ! — Tandis que moi... un premier sujet !! — C'est révoltant ! — C'est admirable ! disaient les autres ; elle est si gentille... — Et si honnête !!... elle le mérite bien ! — Enfin, jamais alliance princière, alliance royale, ne donna lieu à plus de propos et de conjectures , et cependant le doute n'était déjà plus permis, car le soir même, la tante avait paru dans les coulisses avec un châle Ternaux magnifique.

Mais quel était ce protecteur inconnu ? Ce ne pouvait être que quelque financier bien âgé, quelque grand seigneur bien respectable. C'était à qui interrogerait Judith et la ferait causer. Mais tout était inutile : Judith était d'une discrétion impénétrable, et la grande raison, c'est que Judith ne savait rien.

Depuis trois ou quatre jours elle avait quitté la loge de la portière pour habiter avec sa tante un appartement charmant, rue de Provence. Une chambre à coucher du goût le plus moderne, et un boudoir délicieux, si élégant, si bien drapé et garni de si beaux tapis, que la tante n'osait y entrer et demeurait par goût dans la salle à manger ou dans la cuisine... elle y était plus à son aise. — Mais depuis quatre jours Judith n'avait vu paraître personne, ce qui lui semblait singulier : — car Judith était sans éducation,

mais non pas sans esprit. Sa candeur et sa naïveté étaient de l'ignorance, et non pas de la niaiserie ; et, se rappelant ce qu'elle avait pu comprendre, devinant une partie de ce qu'elle ne comprenait pas., elle commençait à s'inquiéter, à s'effrayer ; elle aurait voulu pour tout au monde avoir une amie à qui demander conseil... Mais seule, quelle protection implorer contre ce protecteur qu'elle ne connaissait pas et qu'elle redoutait déjà ? — Il est vrai qu'à toutes les idées qu'elle se formait d'avance se joignaient toujours celles de la laideur et de la vieillesse, — tant ses compagnes lui avaient répété que ce ne pouvait être qu'un vieillard goutteux, cacochyme et mal fait. — Aussi elle trembla de tous les membres lorsque, le cinquième jour, sa tante, accourant toute essoufflée, ouvrit la porte du boudoir en lui disant : Le voici !

Judith voulut se lever par respect... mais ses jambes fléchirent, et, prête à se trouver mal... elle retomba sur le canapé.

Lorsque enfin elle osa lever les yeux, elle vit debout, devant elle, un beau jeune homme de vingt-quatre ans à peu près, d'une figure noble et distinguée, qui la regardait avec des yeux si doux et si bienveillants, qu'à l'instant même elle se crut sauvée. — Il lui sembla que celui qui la regardait ainsi devait la défendre, et qu'avec lui elle n'avait rien à craindre.

— Mademoiselle, lui dit l'inconnu d'une voix grave, mais respectueuse... puis, s'apercevant que la tante était toujours là, il lui fit signe de sortir. — Elle obéit à l'instant même, ayant justement des ordres à donner pour le dîner.

— Mademoiselle, vous êtes ici chez vous ; je désire que vous y soyez bien, que vous y soyez heureuse. Pardonnez-moi si j'ai bien rarement l'honneur de vous présenter mes hommages... de nombreuses occupations me priveront de ce plaisir. Aussi je ne réclame qu'un titre... celui de votre ami ! qu'un droit... celui de satisfaire vos moindres vœux !

Judith ne répondit pas; mais son cœur, qui battait avec violence, soulevait fréquemment la percale légère de sa pèlerine.

— Quant à votre tante... et il prononça ce mot avec un air de mépris... c'est elle qui désormais sera à vos ordres ; car j'entends qu'ici vous soyez la maîtresse et que tout le monde vous obéisse... à commencer par moi.

Puis il s'approcha d'elle, lui prit la main qu'il porta à ses lèvres, et, voyant que cette main était encore tremblante :

— Est-ce mon aspect qui vous cause cette frayeur? Rassurez-vous, je ne reviendrai plus maintenant que quand vous aurez besoin de moi... quand vous m'appellerez !... Adieu, Judith... adieu, mon enfant.

Et il partit, laissant la pauvre fille dans un trouble, dans une émotion qu'elle ne connaissait pas encore et qu'elle ne pouvait s'expliquer.

Toute la journée Judith eut devant elle la figure du bel inconnu, ses grands yeux noirs si expressifs. Elle ne l'avait pas regardé, et pourtant rien de sa pose, de ses manières, de son habillement même, ne lui avait échappé. Elle croyait encore entendre cette voix si douce, dont tous les mots étaient gravés dans son souvenir. La pauvre Judith, qui d'ordinaire dormait si bien, passa cette nuit sans sommeil. C'était la première ! Le lendemain elle avait le teint pâle, les yeux fatigués. — Et la tante souriait.

On ne pouvait parler du bel inconnu sans que le joli visage de Judith se couvrît d'une rougeur soudaine.

Et la tante souriait encore !

Mais il ne paraissait plus ! Il ne venait pas, et Judith ne pouvait lui dire de venir... En effet, qu'avait-elle à lui demander ?... l'appartement le plus élégant, la table la mieux servie, des domestiques et une voiture à ses ordres... Rien ne lui manquait... que lui ! !...

D'un autre côté, ses camarades du théâtre, la voyant si belle, si brillante, couverte de si riches parures, ne cessaient de la questionner !... Et leurs questions en apprenaient maintenant à Judith plus qu'elle n'en voulait savoir ; aussi, sans pouvoir s'en expliquer à elle-même le motif, elle gardait le plus profond silence avec sa tante et ses compagnes sur ce qui s'était passé entre *elle* et *lui*. Il lui semblait, d'après ce qu'elle entendait autour d'elle, qu'il y avait dans la conduite de l'inconnu quelque chose qui n'était pas régulier... quelque chose d'humiliant pour elle, et que pour son honneur elle ne devait pas dire. Aussi, serait-elle morte plutôt que d'en parler ou de se plaindre, lorsque le huitième jour... un jour de grande représentation, elle aperçut à l'avant-scène, et dans la loge du roi, son inconnu qui la regardait. Elle poussa un cri de joie et de surprise qui fit manquer la mesure à un danseur qui en ce moment commençait une pirouette.

— Qu'est-ce donc ?... lui dit Nathalie, une de ses compagnes, qui tenait de moitié avec elle une guirlande de fleurs.

— C'est lui... le voilà !...

— Est-il possible ! le comte Arthur de V..., un des jeunes seigneurs de la cour de Charles X, et de plus un joli garçon !... Tu n'es pas à plaindre... Eh bien ! qu'as-tu donc ?... ne vas-tu pas te trouver mal pour un homme que tu vois tous les jours?

Judith n'entendait plus rien, elle était trop heureuse ! Arthur venait de s'incliner vers elle et la saluer, au grand scandale de la loge dorée où il se trouvait. Ce fut bien autre chose encore lorsque après le ballet, au moment où elle allait remonter à sa loge, Arthur se trouva dans la coulisse, et lui dit tout haut, devant le gentilhomme de la chambre qui présidait alors aux destinées de l'Opéra : — Voulez-vous, mademoiselle, me permettre de vous reconduire ?

— C'est bien de l'honneur pour moi, balbutia Judith toute tremblante, sans s'apercevoir que sa réponse excitait le rire de ses compagnes.

— Alors, hâtez-vous : je vous attends ici sur le théâtre.

Je vous réponds que Judith ne fut pas longtemps à se déshabiller ; dans son empressement, elle déchira sa robe de gaze et son pantalon de soie, et madame Bonnivet, qui alors lui servait de femme de chambre (fonctions privilégiées de toutes les mères et tantes de théâtre), madame Bonnivet avait peine à la suivre dans l'escalier, portant le cachemire que sa nièce oubliait. Arthur était resté sur le théâtre, causant avec un groupe de jeunes gens et avec Lubert, le directeur, à qui il recommandait mademoiselle Judith. Au moment où elle parut, il alla à elle aux yeux de tous, et tous deux descendirent par l'escalier particulier des acteurs. Un coupé élégant les attendait à la porte, et je ne puis vous exprimer le trouble et le ravissement de la pauvre Judith en se trouvant assise à côté de lui dans cet étroit espace qui rendait le tête à tête plus intime et plus doux. Il avait peur qu'elle ne s'enrhumât, il ferma les glaces ; il prit le cachemire qu'elle tenait à la main, le déploya, en couvrit ses blanches épaules, sa jolie taille, et un cœur qui battait en ce moment d'une émotion inconnue. Ah ! que Judith était jolie !... qu'elle était séduisante, embellie ainsi par le bonheur ! Mais ce bonheur ne fut pas de longue durée : il y a si peu de distance de la rue Grange-Batelière à la rue de Provence, et puis ces beaux chevaux gris allaient si vite !... La voiture s'arrête. Arthur descend, offre la main à sa compagne, monte avec elle l'escalier, et, arrivé au premier, à la porte de son appartement, — il sonne, la salue avec respect et disparaît.

Judith passa encore une mauvaise nuit. La conduite du comte lui paraissait si singulière ! car enfin il pouvait bien entrer dans son salon, s'asseoir, lui faire une visite ; elle était, il est vrai, peu au fait des convenances ; mais cela lui paraissait plus honnête que de prendre congé d'elle aussi brusquement.

Elle ne ferma pas l'œil ; elle se leva, se promena dans sa chambre, et un point du jour, voulant se rafraîchir un instant par l'air pur du matin, elle ouvrit sa fenêtre... Quelle fut sa surprise ! la voiture du comte était restée à la porte... elle avait passé toute la nuit dans la rue... Les chevaux piaffaient sur le pavé de froid et d'impatience, le cocher dormait sur son siège...

— Pardon, messieurs, dit le notaire en s'interrompant ; l'acte commence, et je ne veux rien perdre de l'opéra ; j'ai loué une stalle pour cela... A l'autre entr'acte.

III.

Le surlendemain, Judith ouvrit sa fenêtre de bon matin.
— La voiture du comte était encore à la porte.

Il était évident qu'il l'envoyait ainsi presque toutes les nuits. Dans quelle intention ? C'est ce qu'elle ne pouvait deviner... Quant à lui en demander l'explication, elle n'aurait jamais osé. — D'ailleurs elle ne l'apercevait presque jamais, si ce n'était le soir, les jours d'Opéra, à une seconde loge de face qu'il avait louée à l'année. — Il ne venait plus sur le théâtre, il ne lui proposait plus de la reconduire. Comment le voir ?... Comment faire ?...

Heureusement pour elle, on lui fit une injustice... un passe-droit... Ses compagnes la crurent désolée ; elle était ravie. — Elle écrivit au comte pour lui dire qu'elle avait une demande à lui faire, et qu'elle le priait de passer chez elle. — Cette lettre n'était pas facile à écrire ; aussi Judith y employa une journée entière ; elle la recommença bien des fois, et en fit au moins vingt brouillons. Elle en avait dans ses poches, dans son sac, et probablement elle en laissa tomber une que l'on ramassa, car le soir, sur le théâtre, elle entendit de jeunes auteurs et des abonnés de l'orchestre s'égayer entre eux sur une lettre sans orthographe qu'ils venaient de trouver, et qu'ils se passaient de main en main. — Il fallait entendre leurs joyeuses exclamations, leurs commentaires satiriques, leurs plaisanteries sans pitié sur ce billet sans signature dont ils ne connaissaient pas l'auteur, mais qu'ils voulaient insérer le lendemain dans un journal, comme modèle du genre épistolaire des Sévignés de la danse.

Quels furent l'effroi et le supplice de Judith, non pas en s'entendant tourner en ridicule, mais en pensant que toutes ces réflexions railleuses, le comte les ferait à la lecture de sa lettre, que maintenant elle aurait voulu ravoir au prix de tout son sang ! Aussi elle était plus morte que vive lorsque Arthur entra le lendemain dans son boudoir.

— Me voici, ma chère Judith ; j'accours au reçu de votre lettre. — Et cette fatale, cette horrible lettre, il la tenait encore à la main. — Que me voulez-vous ?

— Ce que je veux... monsieur le comte... je ne sais comment vous le dire... mais ce billet... même... puisque vous l'avez lu... si toutefois vous avez pu le lire...

— Très bien, mon enfant, répondit le comte avec un léger sourire.

— Ah ! s'écria Judith avec désespoir, ce billet même vous prouve que je suis une pauvre fille sans esprit, sans éducation, qui a honte de son ignorance, et qui voudrait en sortir... Mais comment faire, si vous ne venez à mon secours, si vous ne m'aidez de vos conseils et de votre appui ?

— Que voulez-vous dire ?

— Donnez-moi des maîtres, et vous verrez si le zèle me manquera ; vous verrez si je profite de leurs leçons... Je travaillerai plutôt le jour et la nuit.

— La nuit ?

— Autant l'employer à étudier qu'à ne pas dormir.

— Et pourquoi, mon Dieu ! ne dormez-vous pas ?

— Pourquoi ? dit Judith en rougissant : parce qu'il y a une idée qui me tourmente sans cesse.

— Et quelle idée ?...

— Celle que vous devez avoir de moi... Vous devez me mépriser, me regarder comme indigne de vous... Et vous avez raison, poursuivit-elle vivement, je me vois telle que je suis... je me connais... et je voudrais, s'il est possible, ne plus rougir à vos yeux et aux miens. — Le comte la regarda avec étonnement et lui dit : Je vous obéirai, ma chère enfant ; je ferai ce que vous me demandez.

Le lendemain, Judith avait un maître d'orthographe, d'histoire et de géographie. Il fallait voir avec quelle ardeur elle étudiait ; et son jugement, son esprit naturel, qui n'avaient besoin que de culture, se développèrent avec une incroyable rapidité.

C'était pour Arthur qu'elle avait aimé l'étude, et maintenant elle aimait l'étude pour elle-même. C'était son plus doux passe-temps, sa consolation et l'oubli de tous ses chagrins. Elle n'allait plus à la salle de danse, ni aux répétitions ; elle se faisait mettre à l'amende pour rester chez elle à travailler, et ses compagnes disaient : Judith est dans les amours et les grandes passions ; on ne la voit plus ; elle perd son état. — Elle a grand tort.

Et Judith redoublait d'efforts en disant : Bientôt je serai digne de lui, bientôt il verra que je suis en état de le comprendre, il pourra juger de mes progrès. Vain espoir ! lorsque le comte était là, Judith, interdite et tremblante, n'avait plus de mémoire : elle avait tout oublié. Quand il l'interrogeait sur ses études, elle répondait tout de travers, et le comte se disait : La pauvre enfant a bonne volonté, mais peu de facilité. Ce qu'elle avait gagné à sa nouvelle science, c'était de sentir combien elle devait lui paraître sotte et ridicule. Cette pensée la rendait encore plus timide et plus gauche, et comprimait les épanchements de cette âme si naïve et si tendre. Aussi le comte venait rarement. De temps en temps il passait une demi-heure avec elle ; mais lorsque sonnait minuit, il se levait !... Alors, et sans lui adresser un reproche, Judith lui demandait seulement, d'une voix douce et inquiète : Quand vous reverrai-je ?

— Je vous le dirai demain de loin à l'Opéra.

Et voici comment :

Il était presque tous les deux jours dans sa loge, aux secondes de face, et quand il lui était possible de passer le lendemain quelques instants avec Judith, il portait négligemment sa main droite à son oreille ; cela voulait dire : J'irai rue de Provence.

Et alors Judith l'attendait toute la journée : elle ne recevait personne ; elle éloignait même sa tante pour être toute entière au plaisir de le voir.

Malgré la réserve du comte, elle avait fait une découverte : c'est qu'il avait quelque chagrin profond qui le dévorait. — Quel était ce chagrin ? elle ne le lui demandait pas. Et pourtant elle aurait été si heureuse de pouvoir s'affliger avec lui !... Ce bonheur, elle n'osait l'espérer, mais elle partageait ses peines sans les connaître ; elle était triste de sa tristesse. Aussi le comte lui disait souvent : Judith, qu'avez-vous donc ? quels sont vos chagrins ?... Si elle avait osé, elle aurait répondu : Les vôtres !

Un jour il lui vint une idée horrible ; elle se dit avec effroi : Il en aime une autre ! Mais alors, pourquoi prendre une maîtresse à l'Opéra ? Comme caprice... comme objet de mode... comme un jouet qu'il a acheté sans le voir et sans le connaître... Mais alors, pourquoi ?...

Elle leva les yeux sur la glace, et Judith était si jeune, si fraîche, si jolie !... Elle resta plongée dans ses réflexions.

La porte de son boudoir s'ouvrit brusquement. Arthur parut ; il avait un air de trouble qu'elle ne lui avait jamais vu.

— Mademoiselle, lui dit-il vivement, habillez-vous ; je viens vous prendre pour aller aux Tuileries.

— Est-il possible ?

— Oui, le temps est superbe ; un soleil magnifique. Tout Paris y sera !

— Et vous voulez bien m'y conduire ! s'écria Judith enchantée : car jamais le comte n'était sorti avec elle, jamais il ne lui avait donné le bras en public.

— Certainement... je vous y conduirai ; et aux yeux de tous, et dans la grande allée ! s'écria le comte en se promenant avec agitation... Allons, madame Bonnivet, dit-il brusquement à la tante qui entrait en ce moment dans le boudoir, habillez votre nièce ; donnez-lui ce qu'elle a de plus élégant, de plus nouveau, de plus riche.

— Grâce au ciel et grâce à monsieur le comte, ce ne sont pas les jolies parures qui nous manquent.

— C'est bon, c'est bon... dépêchez-vous... nous sommes pressés.

— Allons, allons, monsieur le comte est pressé, dit madame Bonnivet en s'apprêtant à dénouer la robe de sa nièce.

Judith rougit et lui fit signe qu'Arthur était là.

— Qu'importe ? Est-ce que nous nous gênons avec monsieur le comte ? Et avant que Judith eût pu s'y opposer, le corsage était déjà détaît.

La pauvre fille, troublée et hors d'elle, ne savait comment se soustraire aux regards d'Arthur.

Mais, hélas ! sa pudeur prenait un soin bien inutile : Arthur ne regardait pas ; tout entier à une idée qui semblait exciter son dépit et sa colère, il se promenait à grands pas dans le petit boudoir, et venait de heurter un vase en rocaille qui volait en éclats.

— Ah ! quel malheur ! s'écria Judith, oubliant en ce moment le désordre de sa toilette.

— Porcelaine du Japon, dit la tante avec désespoir ; il coûtait au moins cinq cents francs !

— Non, mais il venait de lui !!!

— Eh bien ! êtes-vous prête ? dit Arthur, qui n'avait pas seulement entendu cette réflexion.

— Dans l'instant. Ma tante, mon châle... mes gants...

— Et votre mantelet, dit Arthur ; vous l'oubliez, et il fera froid.

— Je ne crois pas.

— En effet, dit la tante en touchant la main de sa nièce, elle est brûlante ; est-ce que tu aurais la fièvre ? Il ne faudrait pas sortir.

— Non, ma tante, s'écria vivement Judith ; je ne me suis jamais mieux portée.

Le coupé était en bas ; ils y montèrent et traversèrent les boulevards ensemble, en plein midi !!! ensemble !!! Judith ne se sentait pas de joie ; elle aurait voulu que tout le monde la vît... Et, pour comble d'ivresse, elle aperçut, rue de la Paix, deux de ses camarades, qu'elle salua avec toute la gracieuseté que donne le bonheur !... deux premiers sujets qui, ce jour-là, étaient à pied.

La voiture s'arrêta à la grille de la rue de Rivoli. Judith prit le bras du comte, et tous deux s'avancèrent dans l'allée du Printemps. C'était un jour de la semaine ; toute la population parisienne riche et oisive s'y était donné rendez-vous : la foule était immense.

En un instant, Arthur et sa compagne furent l'objet de l'attention générale. Ils étaient si beaux tous les deux, qu'il était impossible de ne pas les remarquer. Chacun se retournait en disant : Quel est donc ce joli couple ?

— C'est le jeune comte Arthur de V....

— Est-ce qu'il est marié ?

Judith tressaillit à ce mot, éprouvant un sentiment de plaisir et de peine dont elle ne put se rendre compte.

— Non, vraiment, dit d'un air dédaigneux une grande et vieille dame, qui portait sur son bras un petit chien de Vienne, et qui était suivie par deux domestiques en riches livrées ; non, vraiment, le comte Arthur n'est pas marié ; monseigneur son oncle ne le souffrirait pas.

— Quelle est donc cette jolie personne ?... sa sœur peut-être ?

— Vous lui faites injure... c'est sa maîtresse... une demoiselle de l'Opéra... à ce que je crois.

Par bonheur, elle n'entendit pas le discours de la douairière ; car dans ce moment le baron de Blangy, qui était derrière elle, disait à son frère le chevalier : C'est la petite Judith.

— Celle dont Arthur est épris ?

— Il en perd la tête... il se ruine pour elle.

— Il a raison, je voudrais bien être à sa place ; regarde donc comme elle est jolie !

— Quel air distingué ! quelle physionomie enchanteresse !

— Et cette taille élégante et gracieuse !

— Prends garde, tu vas en devenir amoureux.

— C'est déjà fait. — Viens donc, viens la voir de plus près.

— Si nous pouvons ; car il y a foule autour d'elle.

Et la foule répétait tous ces propos, et Arthur, à son tour, les entendait... Les jeunes femmes, en voyant l'air modeste de Judith, lui pardonnaient d'être si jolie, tandis que les jeunes gens, contemplant Arthur d'un œil d'envie, se disaient : Est-il heureux !!!

Pour la première fois alors il regarda Judith comme elle devait être regardée, — et s'étonna de la trouver si belle. — La promenade, le grand air, et surtout le bonheur de s'entendre admirer, avaient animé ses joues d'un nouvel éclat et donné à ses yeux une expression et un charme indéfinissables ; et puis elle avait seize ans, elle aimait, il lui semblait qu'elle était aimée !... que de raisons pour être belle! Aussi le succès de Judith fut complet, fut immense! La foule la reconduisit jusqu'à la voiture. Mais alors, quand elle vit Arthur attacher sur elle un regard de tendresse, — tous ses triomphes s'effacèrent devant celui-ci ; les éloges de la foule furent oubliés, et elle rentra chez elle en disant : Que je suis heureuse !

Le lendemain, à son lever, Judith reçut deux lettres. — La première était du baron d' Blangy, qui, bien plus riche qu'Arthur, offrait son amour et sa fortune. — Judith n'eut pas même l'idée de montrer cette lettre à sa tante ou à Arthur. — Elle ne pensait pas en la brûlant faire le moindre sacrifice.

La seconde lettre portait une autre signature, que Judith relut deux fois, ne pouvant en croire ses yeux. — Mais il n'y avait pas moyen d'en douter, elle était signée : l'évêque de*** ; elle était conçue en ces termes :

« Mademoiselle,

» Vous avez paru publiquement hier aux Tuileries avec
» mon neveu, le comte Arthur, et comblé ainsi la mesure
» d'un scandale dont les conséquences sont incalculables.
» Quoique, par l'impiété des hommes, Dieu ait permis
» que tout fût bouleversé, nous avons les moyens de punir
» votre audace. Je vous déclare donc, mademoiselle, que,
» si vous ne mettez fin à un pareil scandale, j'ai assez de
» crédit auprès du ministre de la maison du roi pour vous
» faire renvoyer de l'Opéra. — Si, au contraire, vous abandonnez à l'instant mon neveu, nous vous faisons offrir,
» car la fin sanctifie les moyens, deux mille louis et l'absolution de vos fautes, etc., etc. »

Judith fut d'abord anéantie en lisant cette lettre, puis elle reprit courage, consulta son cœur, rassembla toutes ses forces et répondit :

« Monseigneur,

» Vous me traitez bien cruellement, et pourtant je pourrais attester devant Dieu que je n'ai rien à me reprocher.
» — Cela est ! je vous le jure, mais je ne m'en vanterai pas,
» j'y ai trop peu de mérite ; il est tout entier à celui qui
» m'a épargnée et respectée.
» Oui, monseigneur, votre neveu est innocent de tous
» les torts dont vous l'accusez, et si l'on offense le ciel en
» aimant de toute son âme, c'est un crime dont je suis coupable, mais dont il n'est pas complice.
» Voici donc la résolution que j'ai prise.
» Je lui dirai ce que pour moi je n'aurais osé dire ; mais
» ce sera pour vous, monseigneur, et le ciel m'en donnera
» la force. Je lui dirai : — Arthur, suis-je aimée de vous ?
» Et si, comme je le crois, comme je le crains, il me répond : — Non, Judith, je ne vous aime pas, je vous obéirai, monseigneur ; je m'éloignerai de lui, je ne le verrai
» plus jamais, et alors, je l'espère, vous m'estimerez assez
» pour ne rien m'offrir, et pour ne pas ajouter l'humiliation
» au désespoir. — Ce dernier... suffira pour mourir.
» Mais si le ciel, si mon bon ange, si le bonheur de toute
» ma vie, voulaient qu'il me répondit : — Je vous aime !
» Ah ! c'est bien mal ce que je vais vous dire, et vous
» allez m'accabler, à juste titre, de vos reproches, de vos
» malédictions ; mais, voyez-vous, monseigneur, il n'y a pas
» de pouvoir au monde qui puisse m'empêcher d'être à

» lui, de lui tout sacrifier... Je braverai tout, même votre
» colère... car, après tout, que pourrait-elle ? Me faire mourir : et que m'importerait de mourir, — si j'avais été aimée ?
» Pardon, monseigneur, si cette lettre a pu vous blesser...
» elle est d'une pauvre fille sans connaissance du monde
» et de ses devoirs, mais qui trouvera peut-être quelque
» grâce à vos yeux, dans l'ignorance de son esprit, dans la
» franchise de son cœur, et surtout dans le profond respect
» Avec lequel elle a l'honneur d'être, monseigneur, etc. »

Cette lettre écrite, Judith la cacheta, l'envoya sans parler à personne, et dès ce moment, décidée à connaître son sort, elle attendit avec impatience la prochaine visite du comte.

C'était le soir jour d'Opéra. Elle était sur le théâtre, regardant s'il paraîtrait dans sa loge des secondes et s'il lui ferait le signe convenu.

Ce soir-là Arthur ne vint que bien tard, mais il semblait sombre et préoccupé. Il ne regarda pas du côté du théâtre et ne fit aucun signe à Judith, qui se désespéra. Il fallait encore attendre au surlendemain.

Le surlendemain, c'était un mercredi, elle fut plus heureuse. Il lui adressa de loin le signe qui lui indiquait le rendez-vous, et Judith se dit : — Demain matin il viendra, demain je saurai mon sort.

Mais, le matin, arriva le chasseur de monsieur le comte, annonçant que son maître n'avait pas un instant à lui dans la journée, et qu'il viendrait le soir assez tard souper avec mademoiselle Judith.

Souper avec elle en tête-à-tête, cela ne lui était jamais arrivé, à lui qui la quittait toujours avant minuit. — Qu'est-ce que cela voulait dire ? La tante trouvait que c'était très clair ; Judith ne voulait pas la comprendre.

A onze heures du soir, le souper le plus fin et le plus délicat avait été préparé par les soins de madame Bonnivet. Quant à Judith, elle ne voyait rien, n'écoutait rien ; elle attendait.

Elle attendait ! toutes les facultés de son âme se renfermaient, se résumaient dans cette idée !...

Mais onze heures et demie, minuit avaient sonné, et Arthur ne venait pas !

Toute la nuit s'écoula, il ne vint pas ! et elle attendait encore.

Et le lendemain et les jours suivans Arthur ne parut pas... Elle ne reçut aucune nouvelle, elle ne le revit plus ! Qu'est-ce que cela signifiait ? qu'est-ce qu'il était devenu ?
— Messieurs, dit le notaire en s'interrompant, voici le rideau qui se lève : la suite à l'autre entr'acte.

IV.

— Messieurs, dit le petit notaire au moment où finissait le troisième acte des *Huguenots*, je devine que vous tenez à savoir ce qui était arrivé à votre ami Arthur, et surtout à connaître au juste ce qu'il était ?
— Si vous aviez commencé par là ? lui dis-je.
— Je suis maître de placer mon exposition où je veux ; c'est moi qui conte. — D'ailleurs, ce n'est pas ici, à l'Opéra, qu'il faut se montrer sévère sur les expositions, dit le professeur en droit, on ne les entend jamais.
— Ce qui est souvent un grand bonheur pour les auteurs de libretti, ajouta le notaire en me regardant ; et, satisfait de son épigramme, il continua en ces termes :
— Le comte Arthur de V.. descendait d'une très-ancienne et très-illustre famille du Midi. Sa mère, veuve de très-bonne heure, n'avait eu que lui d'enfant et était sans biens ; mais elle avait un frère qui avait une immense fortune.

Ce frère, monseigneur l'abbé de V..., avait été successivement à la cour de Louis XVIII, et plus tard à celle de Charles X, un des prélats les plus influens, et l'on sait quelle était, à cette époque, la puissance du clergé, puissance qui gouvernait la France, le souverain et même l'armée. L'abbé de V... était d'un caractère froid et égoïste, d'un esprit sévère et hautain, et pourtant excellent parent; car il avait de l'ambition pour lui et les siens. Il se chargea de l'éducation de son neveu, le mit bien en cour, fit rendre à sa sœur une partie de ses biens confisqués pendant l'émigration, et la pauvre comtesse de V*** mourut en bénissant son frère et en recommandant pour lui à son fils une obéissance aveugle.

Arthur, qui adorait sa mère, lui jura, à son lit de mort, tout ce qu'elle voulut, serment d'autant plus facile à tenir, que depuis son enfance, il avait une peur horrible de monseigneur son oncle et avait toujours été habitué à se soumettre sans résistance à ses moindres volontés.

Grave, doux et timide, mais cependant plein de courage et d'honneur, Arthur avait toujours senti un vif penchant pour la carrière des armes, pour l'uniforme et pour l'épaulette, peut-être aussi parce que dans le palais de son oncle il ne voyait que des robes noires et des surplis. Il osa un jour, et avec une grande réserve, faire part de ses intentions à Monseigneur, qui fronça le sourcil et lui annonça d'une voix ferme et décidée qu'il avait d'autres vues sur lui.

L'abbé de V... avait été nommé évêque, et il espérait mieux! Il avait des chances pour le chapeau de cardinal; et, dans une si belle position, il voulait attirer après lui son neveu, l'élever aux plus hautes dignités de l'Église; en un mot, lui faire embrasser la carrière qui seule alors conduisait rapidement aux honneurs et à la puissance.

Arthur n'osait résister ouvertement au terrible ascendant de son oncle, mais il jurait bien en lui-même de n'être jamais évêque.

Pourtant on en avait parlé au roi, qui avait accueilli ce projet avec une insigne bienveillance. — Arthur devait, dans quelques mois, entrer au séminaire, seulement pour la forme, puis recevoir les ordres, et passer rapidement des degrés inférieurs aux premiers rangs de son nouvel état.

Arthur n'avait pas oublié les sermens faits à sa mère, et, d'un autre côté, c'eût été, aux yeux de tous, une insigne ingratitude de se brouiller ouvertement avec un oncle, son seul parent et son bienfaiteur. — N'osant donc déclarer la guerre au redoutable prélat et s'opposer directement à ses intentions épiscopales, il cherchait quelques moyens détournés pour arriver au même but et pour forcer l'abbé de V... à renoncer de lui-même à ses desseins. Le seul moyen était d'arriver à quelque bon scandale qui le rendît indigne des saintes et respectables fonctions qu'on voulait lui conférer malgré lui.

Ce n'était pas facile, car Arthur, soit que cela vînt de son naturel ou de son éducation, avait un fond de principes et d'honnêteté qu'il ne pouvait vaincre. — N'est pas libertin qui veut; — il faut pour cet état une vocation comme pour les autres, et Arthur avait autant de peine à être mauvais sujet qu'à être évêque... Il y a des gens qui ne réussissent à rien.

Il avait pourtant des amis pleins de facilité et d'heureuses dispositions, qui, pour lui rendre service, l'entraînaient dans leurs joyeuses orgies. — Arthur y allait par raison... mais le désordre l'ennuyait autant qu'il amusait les autres; sa froide sagesse glaçait la folie de ses compagnons, et finissait souvent par les rendre raisonnables; — il était signalé comme un trouble-fête, et il y avait renoncé.

Alors, et en désespoir de cause, il avait tourné ses vues vers les dames de la cour. — Mais, dans cette cour, les dames fuyaient le bruit et la scandale; non qu'il y eût moins d'intrigues qu'autrefois, mais on les cachait mieux; et l'évêque, quoique averti des silencieuses passions de son neveu, eut l'air de ne rien savoir et de fermer les yeux, pensant probablement avec Molière

Que ce n'est point pécher que pécher en silence.

Quel parti restait-il donc alors à ce pauvre Arthur, qui courait après le scandale comme d'autres courent après la gloire, sans pouvoir l'atteindre ? Un de ses amis, franc libertin, lui dit :

— Prends une maîtresse à l'Opéra ; ce théâtre est à la mode, tout le monde y va ; cela se saura, cela fera du bruit, c'est tout ce qu'il faut.

— Moi ! dit Arthur en rougissant d'indignation, me mêler d'une intrigue pareille !

— Tu ne t'en mêleras pas ; tout cela s'arrange avec les grands parens ; et le traité une fois conclu, il n'en sera que ce que tu voudras ; il ne s'agit pas que cela soit, mais qu'on le croie et qu'on le dise.

— À la bonne heure !

— Tu seras en titre, et voilà tout ; tu sais bien que de nos jours... il y a une foule de titulaires qui n'exercent pas... tu seras comme eux.

— Soit, j'y consens.

On a vu les détails de la présentation et la première entrevue de Judith, d'Arthur et de la tante.

On s'arrangea pour que monseigneur l'évêque en fût instruit. — Il ne dit rien.

On le prévint que presque toutes les nuits la voiture de son neveu stationnait rue de Provence ; et Arthur espérait chaque jour une explication et une scène où il comptait se rejeter sur la violence d'une passion qui désormais le rendait indigne des bontés de son oncle ; mais pas une plainte ne se fit entendre, et Arthur ne savait comment expliquer ce sangfroid et cette résignation évangéliques.

C'était le calme précurseur de l'orage.

Monseigneur lui dit un matin : Le roi a été fort irrité contre vous, j'ignore à quel sujet.

— Je le devine.

— Et moi, je ne veux pas le savoir. Sa Majesté a pardonné, mais elle exige que dans deux jours vous entriez au séminaire.

— Moi, mon oncle ?...

— Ce sont les ordres du roi, c'est auprès de lui qu'il faut réclamer.

Et il lui tourna le dos.

Arthur, furieux, hors de lui, ne sachant où donner de la tête, courut chez Judith, l'emmena aux Tuileries, l'avoua pour sa maîtresse aux yeux de tout Paris et à la veille de partir pour le séminaire. Cette fois, il n'y eut pas moyen de ne pas éclater. Impossible, après un tel scandale, de songer, de longtemps du moins, à le faire entrer dans l'Église. — C'est tout ce qu'Arthur demandait. Monseigneur écrivit à Judith la lettre menaçante que nous avons vue, et le roi envoya au comte l'ordre de quitter Paris dans les vingt-quatre heures. — Il fallait obéir. Par bonheur, Arthur était intimement lié avec un des fils de monsieur de Bourmont, qui lui-même partait la nuit suivante pour Alger, où se préparait une importante expédition. — Arthur le supplia de l'emmener avec lui comme volontaire, de n'en rien dire à personne, ni au roi ni à son oncle. — Puisqu'on me laisse libre du lieu de mon exil, se disait-il, je le choisirai glorieux. J'irai où il y a du danger et de l'honneur. Je me ferai tuer, ou j'entrerai un des premiers dans la Casauba, et quand je reviendrai avec un drapeau, on verra si l'on ose encore m'affubler d'une étole et me faire donner la bénédiction aux fidèles.

Il s'éloigna de nuit dans le plus grand secret, car toutes ses démarches étaient observées, et il craignait que, si on devinait le but de son voyage, on l'empêchât de partir. Il écrivit un mot à Judith pour la prévenir seulement qu'il la quittait pour quelques jours ; mais ce billet, tout insignifiant qu'il était, fut intercepté et ne parvint pas. Le préfet de police était aux ordres de monseigneur.

La semaine suivante Arthur était en pleine mer, et le vingtième jour, il débarquait en Afrique. Il monta des premiers à l'assaut, au fort de l'Empereur, et fut blessé à côté de son intrépide ami monsieur de Bourmont, qui tomba frappé à mort au milieu d'un triomphe. — Longtemps Arthur fut en danger ; pendant deux mois on désespéra de ses jours, et quand il revint à lui, sa fortune, ses espérances, celles de son oncle, tout avait disparu en trois jours avec la monarchie de Charles X.

L'évêque n'avait pu résister à un pareil désastre ; malade et souffrant, il avait voulu suivre la cour exilée, il ne l'avait pu. — L'impatience, la colère continuelles qu'il éprouvait, avaient exalté son cerveau et enflammé son sang ; une fièvre dangereuse se déclara, et dans l'état d'irritation où il était, ne sachant à qui s'en prendre, ce fut sur son neveu qu'il se vengea de la révolution de juillet.

Arthur, à peine rétabli de sa blessure, arriva à Paris, et c'est ici, messieurs, dit le notaire en élevant la voix, que je commence à entrer en scène. — Monsieur le comte vint chez moi pour me confier les affaires de la succession, dont il était peu en état de s'occuper. — J'étais depuis longtemps son notaire et celui de sa famille, cela me revenait de droit : nous procédâmes d'abord à la levée des scellés. Je ne vous parlerai point des détails de l'inventaire, quoiqu'un inventaire bien fait et bien dressé ait bien aussi son prix ; en inscrivant à leur numéro d'ordre les différens papiers que renfermait le secrétaire de monseigneur, j'aperçus un billet gauffré et satiné, et signé *Judith, danseuse à l'Opéra!* La lettre d'une danseuse chez un évêque !... J'aurais voulu, pour l'honneur du clergé, la faire disparaître ; mais déjà Arthur s'en était saisi, et, voyant son trouble et son émotion, je crus un instant, Dieu me pardonne cette mauvaise pensée, que monseigneur et son neveu avaient été rivaux sans le savoir.

— Pauvre fille !... pauvre fille !... disait Arthur... Quelle noblesse ! quelle générosité ! quel trésor je possédais là !... Tenez... monsieur... tenez, lisez, me dit-il ; et quand je relus cette phrase :

Si l'on offense le ciel en aimant de toute son âme, c'est un crime dont je suis coupable, mais dont il n'est pas complice.

— C'est pourtant vrai ! s'écria Arthur, qui avait alors les larmes aux yeux ; elle m'aimait de toute son âme, et je ne m'en apercevais pas, et je ne songeais pas à l'aimer, et elle avait seize ans, et elle était charmante !... car vous ne savez pas, monsieur, comme elle est jolie... c'est la plus jolie femme de Paris.

— Je n'en doute pas, monsieur le comte... Mais si vous voulez que nous achevions l'inventaire...

— Comme vous voudrez...

Et il continuait à lire à voix haute les fragmens de la lettre.

« Si le ciel, si mon bon ange, si le bonheur de toute ma
» vie voulaient qu'il me répondît : Je vous aime.
» Ah ! c'est bien mal ce que je vais vous dire, et vous
» allez à juste titre m'accabler de vos reproches, de vos
» malédictions ; — mais, voyez-vous, monseigneur, il n'y
» a pas de pouvoir au monde qui puisse m'empêcher d'être
» à lui, de lui tout sacrifier... »

— Et j'ai méconnu... j'ai repoussé un pareil amour ! s'écriait Arthur. — C'est moi, c'est moi seul qui fus coupable... Mais je réparerai mes torts, — je lui consacrerai ma vie toute entière... je vous le promets, je vous le jure. — Eh ! qui maintenant d'ailleurs pourrait me blâmer d'avouer une telle maîtresse ?... J'en suis fier. — Je l'aime, je le dirai à tout le monde, et tout le monde me l'enviera. A commencer par vous, monsieur le notaire, qui ne m'écoutez pas... et qui regardez si attentivement ces fatras de papiers.

— Ces papiers... c'était le testament de son oncle, que je venais de découvrir, — testament qui le déshéritait et qui disposait de l'immense fortune du défunt en faveur des hospices, et pour des fondations pieuses.

Je le dis à Arthur, qui ne montra pas la moindre émotion, et se mit à relire la lettre de Judith.

— Vous la verrez, ma jolie maîtresse, me dit-il, vous la verrez, je veux que vous dîniez aujourd'hui avec elle.

— Mais ces papiers... ce testament...

— Eh bien ! me dit-il en souriant, cela ne me regarde plus ; — heureusement, Judith m'aimera sans cela... Adieu,

monsieur, adieu ; je vais la voir, je vais retrouver près d'elle plus que je n'ai perdu.

Et il sortit les yeux rayonnans de plaisir et d'espoir.

— Singulier jeune homme, me dis-je, qu'une maîtresse console d'une succession perdue ! Et j'achevai mon inventaire.

Quelques heures après, j'étais de retour chez moi. Je vois entrer Arthur comme un fou, comme un homme en délire. — Elle n'y est plus ! me dit-il, elle n'y est plus ! Perdue... elle est perdue pour moi !

— Eh quoi ! une infidélité !...

— Qui vous l'a dit ? s'écria-t-il vivement en me prenant au collet.

— Je n'en sais rien.

— A la bonne heure ; car je n'y survivrais pas ! Depuis mon départ, depuis trois mois, elle a disparu, elle a quitté l'Opéra.

— Que vous ont dit ses compagnes ?

— Des absurdités. Les unes prétendent qu'elle a été enlevée... Une autre m'assurait de sang-froid qu'elle avait l'intention de *se périr*.

— C'est possible ! depuis la révolution de juillet le suicide devient à la mode !

— Ne dites pas cela... j'en perdrais la raison. J'ai couru à son appartement de la rue de Provence, elle l'avait quitté sans dire où elle allait.

— Aucun indice ?

— L'appartement est à louer. — Personne ne l'a habité depuis elle.

— Et vous n'avez rien trouvé ?

— Rien ! seulement, dans la chambre de sa tante, à terre... cette adresse, cette carte d'emballage, sur laquelle était écrit : *A madame Bonnivet, à Bordeaux*... Car, je me le rappelle, elle est de ce pays-là.

— Eh bien ?...

— Eh bien, chargez-vous ici de mes affaires, arrangez cela comme vous l'entendrez.

— Que voulez-vous faire ?

— Suivre ses traces ou celle de sa tante... la chercher, la découvrir.

— Souffrant comme vous l'êtes, vous voudriez partir demain pour Bordeaux ?

— Demain, c'est trop tard !

Il partit le soir même ! Et... — Ici le quatrième acte des *Huguenots* commença : le notaire ne parlait plus, il écoutait... Et il nous fallut attendre à l'autre entr'acte la suite de l'histoire.

VI.

M. Nourrit venait de sauter par la fenêtre, mademoiselle Falcon venait de s'évanouir ; le quatrième acte des *Huguenots* finissait au bruit des applaudissemens, et le notaire continua son récit en ces termes :

Arthur était resté six mois à Bordeaux, cherchant, interrogeant, demandant à tout le monde de madame Bonnivet, dont personne ne pouvait lui donner de nouvelles. Il avait même fait mettre dans les journaux et la pauvre femme serait morte de plaisir si elle s'y était vue !.... Mais cela ne lui était plus possible. Le propriétaire d'une petite maison dans laquelle elle avait demeuré n'avait pu donner à Arthur les renseignemens qu'il avait fait demander par les gazettes. Madame Bonnivet était morte depuis deux mois.

— Et sa nièce ?

— N'était pas avec elle ; mais la tante jouissait d'une certaine aisance : elle avait cent louis de rente viagère.

— D'où cela lui venait-il ?

— On l'ignore.

— Parlait-elle de sa nièce ?

— Quelquefois elle prononçait son nom... et puis s'arrêtait, comme craignant de trahir un secret qu'elle devait garder.

Arthur, malgré tous ses soins et ses recherches, n'avait pu en apprendre davantage ; il était revenu désespéré. Car depuis qu'il avait perdu Judith, depuis qu'il en était séparé à jamais, son attachement pour elle était devenu un amour, une passion véritable. C'était maintenant la seule affaire, la seule occupation de sa vie. Il se rappelait amèrement les instants si rares qu'il avait passés auprès d'elle ; il la voyait devant ses yeux, parée de tant de charmes, de tant d'amour !... Et tous ces biens qui lui avaient appartenu, il les avait dédaignés ; il n'en connaissait le prix qu'en les perdant pour toujours. — Il recherchait tous les lieux où il l'avait vue. Il ne quittait pas l'Opéra.

Il voulut habiter l'appartement de la rue de Provence. A son grand regret, il avait été loué en son absence par un étranger qui ne l'occupait pas ! Il voulut le revoir, du moins. — Le concierge n'en avait pas les clefs, et les portes et les persiennes de l'appartement restèrent constamment fermées.

Vous vous doutez bien que, tout entier à ses regrets et à son amour, Arthur ne songeait guère à ses affaires ; mais moi je m'en inquiétais pour lui, et je voyais avec peine qu'elles prenaient une tournure fâcheuse. — Déshérité par son oncle, Arthur n'avait pour toute fortune que le bien de sa mère, quinze mille livres de rente à peu près. — Il en avait dissipé plus de la moitié, d'abord dans les folies qu'il avait faites autrefois pour Judith, et ensuite dans les dépenses qu'il faisait maintenant pour découvrir ses traces, car rien ne lui coûtait.

Au plus léger indice, il expédiait des courriers dans toutes les directions et semait l'or à pleines mains... mais toujours sans succès. Aussi il me répétait sans cesse qu'elle n'existait plus, qu'elle était morte ! Dans nos rendez-vous d'affaires, il ne parlait que d'elle, et moi je lui parlais de la nécessité de vendre et de liquider. — Je l'y décidai enfin, et non sans peine ; c'était pour lui un grand chagrin de se défaire des biens qui lui venaient de sa mère... mais il le fallait... Il devait près de deux cent mille francs, et les intérêts à payer auraient bientôt absorbé le reste de sa fortune.

On apposa donc les affiches, on fit les insertions dans les journaux, et, la veille du jour où la vente devait se faire dans mon étude, je reçus d'un de mes confrères une communication qui me remplit de surprise et de joie. Le sort se lassait donc de poursuivre ce pauvre Arthur !

Un monsieur de Courval, homme d'une probité équivoque, et débiteur de sa mère d'une somme considérable, demandait à s'acquitter ; le capital et les intérêts montaient à cent mille écus ; la dette était bien réelle, bien exigible, et mon confrère m'apportait les fonds en bons billets de banque. — Il n'y avait pas moyen de douter d'un pareil bonheur. Je courus l'annoncer à Arthur, qui reçut cette nouvelle sans plaisir ni peine.

Dès qu'on ne lui parlait pas de Judith, tout lui était indifférent.

Pour moi, je me hâtai de donner quittance, de payer nos créanciers, de dégrever nos biens, et tout allait à merveille, sauf un incident difficile à expliquer.

Arthur rencontra un jour ce vieux monsieur de Courval, qui venait de s'acquitter si noblement envers nous. Il habitait d'ordinaire la province et se trouvait par hasard à Paris. — Arthur lui tendit la main, et le remerciait de son procédé, au moment même où celui-ci s'excusait avec embarras des malheurs multipliés qui le mettaient dans l'impossibilité de jamais faire honneur à ses engagements.

— Et vous venez, le mois dernier, de me payer cent mille écus. — Moi !

— Je n'ai plus de titres contre vous, ils sont anéantis. Vous ne me devez plus rien.

— Ce n'est pas possible !

— Voyez plutôt mon notaire.

Le débiteur, qui ne le était plus, accourut chez moi, et ne pouvait revenir de son étonnement.

— C'est fort heureux pour vous, lui dis-je.

— Et encore plus pour monsieur Arthur... me répondit-il d'un air triste et mécontent ; car moi j'avais pris mon parti... Ne pouvant pas payer, c'est comme si je ne devais pas ; et cette affaire-là ne me rend pas plus riche ; mais lui !... c'est bien différent !... il peut se vanter d'avoir du bonheur !...

— Quoi ! vraiment, vous ne savez pas d'où cela vient ?

— Je m'en doute si peu ; mais si toutes les faillites s'arrangeaient ainsi, il y aurait du plaisir... tandis que franchement il n'y en a guère...

— Monsieur doit devoir encore ?

— Près du double de ce que j'ai, ou plutôt de ce qu'on a déjà payé pour moi, et si l'on se présentait pour continuer la liquidation, je vous prie de m'avertir.

— Je n'y manquerai pas.

Notre surprise redoubla, et Arthur se désolait de ne pouvoir deviner le mot de l'énigme. Je courus chez mon confrère, un honnête homme... fort instruit, qui n'en savait pas plus que moi... dans cette affaire-là, s'entend. On lui avait envoyé les fonds en lui recommandant de retirer et d'annuler les titres. Il me confia la lettre d'envoi, que je portai à Arthur. Il l'examina avec attention, et n'en fut pas plus avancé. La lettre était timbrée du Havre, ville où demeurait monsieur de Courval. L'écriture, qui n'était pas la sienne, nous était tout à fait inconnue... Mais Arthur poussa un cri de surprise et devint pâle comme la mort en apercevant le cachet à moitié brisé : c'était celui de Judith. Il lui avait fait cadeau autrefois d'une pierre antique et précieuse sur laquelle était gravé un phénix. Loin de voir dans ce présent une allusion ou un éloge, Judith n'y avait vu qu'un emblème de tristesse, et elle avait fait graver à l'entour ces mots : *Toujours seul !* Ce cachet ne la quittait pas, et cette devise, insignifiante pour tout autre, et pour elle si expressive, ne pouvait appartenir qu'à elle.

— Cette lettre vient d'elle, s'écriait Arthur. Et il la laissa échapper de ses mains tremblantes.

— Eh bien ! nous voilà sûr qu'elle existe encore et qu'elle pense à vous... Vous devez être enchanté.

Arthur était furieux. Il aurait mieux aimé qu'elle fût morte ; car enfin, disait-il, pourquoi se cacher ? Pourquoi, lorsqu'elle sait où j'habite, craint-elle de venir à moi et de se montrer ? Elle est donc indigne de paraître à mes yeux ? elle ne m'aime donc plus ? elle m'a donc oublié ?

— Cette lettre, lui dis-je, prouve le contraire.

— Et de quel droit, reprit Arthur hors de lui, vient-elle m'imposer ses bienfaits ? D'où viennent ces richesses ? Qui lui a donné l'audace de me les offrir, et depuis quand me croit-elle assez lâche pour les accepter ? Je n'en veux pas, reprenez-les.

— Je ne demande pas mieux... mais à qui les rendre ?

— Peu m'importe !... je les refuse.

— Vous aurez beau les refuser, vos dettes sont payées, vos propriétés sont dégrevées, grâce aux cent mille écus...

— Vous vendrez mes biens, vous réaliserez cette somme, à laquelle je ne toucherai jamais et qui restera déposée chez vous, jusqu'au moment où on pourra la reprendre.

— Mais l'état de fortune où vous vous trouverez alors !...

— Peu m'importe ! tout infidèle qu'elle est, je ne me repens pas de m'être ruiné pour Judith... Mais être enrichi par elle est une humiliation que je ne puis supporter !

Et malgré mes efforts, malgré toutes mes remontrances, il tint à ses résolutions. Les biens furent vendus, et très bien vendus, grâce à l'augmentation successive des propriétés ; les trois premiers cent mille francs furent déposés dans mon étude, et il resta encore à Arthur de quoi acheter six mille livres de rentes sur le grand-livre : ce fut là toute sa fortune.

Il vécut ainsi pendant deux ans, cherchant à bannir un souvenir qui le poursuivait sans relâche ; sombre et mélancolique, refusant tout plaisir ou toute distraction, il était devenu incapable de se livrer au travail ou à l'étude, et je gémissais en moi-même de l'empire qu'exerçait une si cruelle passion sur un homme d'esprit et d'un caractère aussi élevés. Il venait me voir presque tous les jours, afin d'oublier Judith, et il m'en parlait sans cesse.

Il ne l'aimait plus, disait-il, il la méprisait ; il aurait fui au bout du monde plutôt que de la revoir, et malgré lui ses pas le ramenaient dans les lieux qui lui parlaient d'elle et qui lui rappelaient son souvenir.

Un jour, ou plutôt une nuit, il était au bal masqué dans cette salle d'Opéra où il n'entrait jamais sans un battement de cœur. Seul, malgré la foule... *toujours seul* (car c'est lui qui maintenant avait pris la devise de Judith), il se promenait silencieusement au milieu du bruit... sur ce théâtre... à cette place où tant de fois il l'avait vue apparaître... puis, s'égarant dans les corridors, il monta lentement à cette loge, à cette seconde de face où dans des temps plus heureux il s'asseyait tous les soirs et d'où il lui donnait le signal de leurs innocens rendez-vous.

La porte de la loge était ouverte. Une femme en domino élégant y était seule et semblait plongée dans de profondes réflexions. A l'aspect d'Arthur, elle tressaillit, voulut se lever et sortir... mais, pouvant à peine se soutenir, elle s'appuya sur un des côtés de la loge et retomba sur son fauteuil. Son trouble même la fit remarquer d'Arthur, qui s'approcha vivement et lui offrit ses services.

Sans lui répondre, elle le refusa de la main.

— La chaleur vous aura fait mal, lui dit-il avec une émotion dont il n'était pas le maître, et si vous détachiez un instant ce masque...

Elle refusa encore, et se contenta, pour chercher de l'air, de rejeter en arrière le camail du domino qui couvrait son front.

Arthur vit alors de beaux cheveux noirs qui retombaient en boucles sur ses épaules. C'était ainsi que Judith se coiffait... Cette pose gracieuse, cette taille fine et élégante, c'était la sienne... c'étaient là sa tournure, ses manières, ce charme invisible et pénétrant que l'on devine et que l'on ne peut rendre !...

Elle se leva enfin...

Arthur poussa un cri ! C'est lui à son tour qui se sentait mourir... mais, rassemblant promptement toutes ses forces, il lui dit à demi voix :

— Judith !... Judith !... c'est vous !

Elle voulut sortir.

— Restez ; restez, de grâce ! laissez-moi vous dire que je suis le plus malheureux des hommes, car je vous ai méconnue lorsque vous méritiez tout mon amour.

Elle tressaillit.

— Oui, vous le méritiez alors... oui, vous étiez digne des hommages et des adorations de toute la terre, et pourtant, insensé que je suis, je vous aime encore, je vous aime que vous, je vous aimerai toujours... maintenant même que vous m'avez été infidèle... que vous m'avez trahi !

Elle voulut répondre, la parole expira sur ses lèvres... mais elle porta la main à son cœur, comme pour se justifier.

— Et comment, sans cela, expliquer votre absence, et surtout vos bienfaits, ces bienfaits dont je rougis pour vous et que j'ai repoussés ? Oui, Judith, je n'en veux pas, je ne veux que vous et votre amour ; et s'il est vrai que vous ne m'ayez pas oublié, que vous m'aimiez encore... venez !... suivez-moi ! Il faut m'aimer pour me suivre... car maintenant je n'ai plus de fortune à vous offrir... Eh quoi !... vous hésitez... vous ne répondez pas !... Ah ! j'ai compris votre silence ! Adieu, adieu pour jamais !

Et il allait sortir de la loge. Judith le retint par la main.

— Parlez, Judith, parlez, de grâce !

La pauvre fille ne le pouvait pas ; les sanglots étouffaient sa voix.

Arthur tomba à ses genoux. Elle ne lui avait rien dit.... mais elle pleurait ! Il lui semblait qu'elle s'était justifiée !

— Vous m'aimez donc encore !... vous n'aimez que moi !

— Oui, lui dit-elle en lui tendant la main.

— Et comment vous croire ?... quelles preuves ? qui me les donnera ?

— Le temps.

— Que dois-je faire ?

— Attendez !

— Et quel gage de votre amour ?...

Elle laissa tomber le bouquet de bal qu'elle tenait à la main, et pendant qu'Arthur se baissait pour le ramasser, elle s'élança dans le corridor et disparut.

Il la suivit quelques instants, l'aperçut de loin dans la foule ; mais, arrêté lui-même par le flot des masques, il la perdit de vue. Puis il crut la retrouver... Oui... oui... c'était elle... il était sur ses traces, et, au moment où il arrivait sous le vestibule, elle s'élançait dans un riche équipage que deux chevaux superbes emportèrent au grand galop.

— Messieurs, dit le notaire en s'interrompant, il est bien tard ; je me couche de bonne heure, et, si vous voulez le permettre, nous remettrons à après-demain la fin de l'histoire.

V.

Le mercredi suivant, c'était jour d'opéra : nous étions tous à l'orchestre, exacts au rendez-vous, et le notaire n'arrivait pas. On donnait *Robert*, et cet ouvrage me rappelait ma première entrevue avec Arthur. Je... expliquais surtout sa tristesse, sa préoccupation, et je pensais que Meyerbeer lui-même ne pourrait lui en vouloir, et lui pardonnerait de n'avoir pas écouté le sublime trio de *Robert*. Mais en ce moment Arthur était-il mieux disposé à apprécier la belle musique ? Était-il plus heureux ? Avait-il enfin retrouvé ou perdu sa Judith ?

Nous ignorions encore les obstacles qui les séparaient, et notre impatience de connaître la fin de l'histoire redoublait encore de l'absence de l'historien. Il arriva enfin après le second acte, et jamais acteur aimé du public, jamais danseur qui reparaît après trois mois de congé, n'eut une entrée plus brillante que le petit notaire. — Vous voilà ! — Venez donc mon cher ! — Vous arrivez bien tard !

— Je viens de dîner en ville et d'assister à un contrat. Je dis assister... car je n'exerce plus, j'ai vendu ma charge, et, grâce au ciel, je ne dois rien à personne...

— Excepté à nous !

— Vous nous devez un dénoûment...

— L'histoire de Judith...

— Nous vous avons gardé votre place ; mettez-vous là.

On se serra, on s'assit, et le notaire acheva ainsi l'histoire de Judith :

— Elle avait dit : *Attendez !*... et pendant quelques jours Arthur prit patience ; il espérait toujours une lettre ou un rendez-vous. Je la reverrai, disait-il ; elle reviendra, elle me l'a promis. Mais les jours, les semaines s'écoulèrent, et Judith ne revint pas.

— Six mois se passèrent ainsi, puis un an, puis deux ans. Arthur me faisait peine, et plus d'une fois je craignis pour sa raison. Cette scène du bal masqué l'avait vivement affecté... Il y avait des momens où cette Judith qu'il avait retrouvée sans la voir, qui lui était apparue sans montrer ses traits, il se croyait sous l'empire de quelque hallucination. Sa tête, affaiblie par ses souffrances, lui persuadait que c'était un rêve... une illusion ; il en vint à douter de ce qu'il avait vu et entendu. Il tomba sérieusement malade, et dans le délire de la fièvre, il voyait Judith lui apparaître pour la dernière fois et venant lui faire ses derniers adieux ; et je ne pourrais vous dire tout ce qu'il lui adressait de tendre et de touchant... Judith était sa seule pensée, son idée fixe... C'était là le mal et le tourment dont il se mourait.

Nos soins le rendirent à la vie ; mais il resta sombre et mélancolique, et, excepté moi, il ne voyait personne. Il n'avait jamais voulu toucher à la fortune qu'il tenait de Judith, et la sienne, comme je vous l'ai dit, ne consistait plus qu'en six mille livres de rentes. Il en avait employé quatre pour louer à l'Opéra une loge à l'année, cette seconde loge de face où il avait passé, avec Judith, la nuit du bal masqué. — Il y alla tous les soirs, tant qu'il espéra qu'elle reviendrait... et puis, quand il eut perdu cette espérance, il n'eut plus le courage ni la force d'y croire : il s'y trouvait *seul*, *toujours seul* (son éternelle devise), et cette idée lui faisait trop de mal. Seulement, il venait de temps en temps à l'orchestre, il regardait douloureusement du côté de la loge de Judith, puis il s'en allait en disant :

— Elle n'y est pas !...

C'était là toute sa vie ; et, excepté quelques voyages qu'il faisait de temps en temps, toujours dans l'espérance d'obtenir des nouvelles de Judith ou quelques indices sur son sort, il revenait toujours ici, à Paris, et chaque soir, sans qu'il y eût de sa volonté ou de sa faute, ses pas se dirigeaient vers l'Opéra. C'est pour m'y rencontrer plus souvent avec lui que j'avais loué ma stalle à l'année.

L'autre semaine, il était venu ; — il était assis à l'orchestre, non pas de ce côté, mais de l'autre. Ce jour-là, tout à fait découragé et n'ayant plus aucun espoir, il tournait le dos à la salle, et, plongé dans ses réflexions, il ne voyait rien et n'entendait rien. Quelques exclamations bruyantes l'arrachèrent pourtant à ses rêveries.

Une jeune dame, d'une beauté remarquable et d'une parure charmante, venait d'entrer dans une loge, et toute l'artillerie des lorgnettes était dirigée de ce côté.

On n'entendait que ces mots : Qu'elle est jolie ! Quelle fraîcheur ! Quel air gracieux et distingué !

— Monsieur, quel âge lui donnez-vous ?

— Vingt à vingt-deux ans.

— Laissez donc... Elle n'en a pas dix-huit.

— Savez-vous qui elle est ?

— Non, monsieur ; c'est la première fois qu'elle vient à l'Opéra... car je suis un abonné.

D'autres voisins ne la connaissaient pas davantage.

Mais, non loin d'eux, un étranger de distinction s'inclina respectueusement et salua la jolie dame.

A l'instant chacun lui demanda son nom.

— C'est lady Inggerton, la femme d'un riche pair d'Angleterre.

— En vérité !... si jolie et si riche !...

— Et l'on dit qu'elle n'avait rien... que c'était une pauvre jeune fille, qui, dans un désespoir amoureux, voulait se jeter à l'eau, et qui, rencontrée et recueillie par le vieux duc, qui la traita comme son enfant.

— C'est un vrai roman.

— Ils ne finissent pas tous si bien : car le vieillard, qui l'avait prise en amitié et qui ne pouvait plus se passer d'elle, a voulu, dit-on, l'épouser pour lui laisser sa fortune... Ce qu'il a fait.

— Diable !... Si elle est veuve... c'est un joli parti.

— Aussi son deuil est expiré, et, en Angleterre comme en France, c'est à qui lui fera la cour.

— Je le crois bien, dit le jeune homme qui parlait, et qui d'une main relevait sa cravate, tandis que de l'autre il lorgnait lady Inggerton. Eh ! mais, monsieur, je crois qu'elle regarde de notre côté.

— Vous vous trompez, dit l'étranger.

— Non, parbleu !... je ne me trompe pas... Je m'en rapporte à monsieur. Et il s'adressait à Arthur, qui n'avait rien entendu, et à qui il fut obligé d'expliquer de dont il s'agissait.

Arthur lève les yeux, et, dans la loge des secondes de face... dans cette loge qui autrefois était la sienne, il aperçoit... Ah ! l'on ne meurt pas de surprise et de joie, puisque Arthur existait encore... puisqu'il conservait assez de force

et de raison pour se dire : C'est elle ! c'est Judith !... Mais en même temps, il restait immobile... il n'osait remuer... il craignait de s'éveiller ?

— Monsieur, monsieur, lui dit son voisin... vous la connaissez donc ?...

Arthur ne répondait pas, car en ce moment les yeux de Judith avaient rencontré les siens... Il y avait vu briller un éclair de joie et de plaisir. Et que devint-il, mon Dieu ! comment sa tête aurait-elle pu y résister... quand il vit la main de Judith, cette main si blanche et si jolie, s'élever lentement à la hauteur de son oreille, et, imitant le signal qu'on lui donnait autrefois, jouer quelques instans avec des boutons en émeraudes dont Arthur lui avait fait présent !

Ah ! cette fois, il crut devenir fou ! Il détourna la vue, mit la tête dans ses mains, et resta ainsi quelques instans pour se convaincre que ce n'était point une illusion, pour se répéter qu'il existait encore et que c'était bien Judith qu'il venait de voir... Puis, quand il en fut bien sûr, il leva encore une fois les yeux vers elle !... la vision céleste avait disparu !... Judith n'était plus là... elle était sortie !...

Un froid mortel parcourut tous ses membres... une main de fer lui serra le cœur... Puis, se rappelant ce qu'il venait de voir... et d'entendre... car elle lui avait parlé... elle lui avait donné un signal... il s'élança de sa place... sortit de l'orchestre, et courut dans la rue en disant :

— Si je m'abuse, cette fois... si c'est encore une erreur... ou je perdrai la raison, c'est sûr... ou je me tuerai...

Et, décidé à mourir, il se dirigea froidement vers la rue de Provence. — Il frappa à la porte, qui s'ouvrit... et, tremblant, il demanda : — Judith !

— Madame est chez elle, dit tranquillement le concierge.

Arthur poussa un cri et s'appuya sur la rampe de l'escalier pour ne pas tomber.

Il monta au premier, traversa tous les appartemens, ouvrit la porte du boudoir.

Il était meublé comme autrefois... il y avait six ans.

Le souper qu'il avait demandé avant son départ était là, tout servi. Il y avait deux couverts.

Et Judith, assise sur un canapé, lui dit, au moment où il entra : — Vous venez bien tard, mon ami.

Et elle lui tendit la main. Arthur tomba à ses genoux !...

Ici le notaire s'arrêta.

— Eh bien ?... s'écria tout le monde, achevez.

Le notaire sourit et dit :

— Arthur ne m'en a pas conté davantage... D'ailleurs, voici le troisième acte de *Robert* qui commence.

— Qu'importe ? achevez !

— Que vous dirais-je de plus ?... Je viens de dîner avec eux... j'ai signé au contrat !

— Ils se marient donc ?

— Certainement, Judith l'a voulu !

— Pour dernière surprise, sans doute.

— Peut-être lui en réserve-t-elle encore une autre !

— Laquelle ? demanda vivement le professeur en droit.

— Je n'en sais rien, répondit le notaire en souriant ; mais on assure que le vieux duc son mari ne l'appelait jamais que : *ma fille* !

En ce moment, la loge des secondes s'ouvrit, Judith parut, enveloppée dans son manteau d'hermine et appuyée sur le bras de son amant, de son mari.

Et un même cri partit à l'instant des bancs de l'orchestre : — Qu'elle est jolie ! — Qu'il est heureux !

FIN DE JUDITH.

Typ. de Mᵐᵉ Vᵉ DONDEY-DUPRÉ, rue St-Louis, 46, au Marais.

LE PRIX DE LA VIE

HISTORIETTE

TIRÉE DES MÉMOIRES D'UN GENTILHOMME DE BRETAGNE.

> Rose et Fabert ont ainsi commencé.
> VOLTAIRE.
>
> Mécénas fut un galant homme ;
> Il a dit quelque part : Qu'on me rende impotent.
> Cul-de-jatte, goutteux, manchot, pourvu qu'en somme
> Je vive, c'est assez, je suis plus que content.
> Ne viens jamais, ô mort... on t'en dit tout autant.
> LA FONTAINE.

..... Et Joseph, ouvrant la porte du salon, vint nous dire que la chaise de poste était prête. Ma mère et ma sœur se jetèrent dans mes bras.

— Il en est temps encore, me disaient-elles, renonce à ce voyage, reste avec nous.

— Ma mère, je suis gentilhomme, j'ai vingt ans, il faut qu'on parle de moi dans le pays ! que je fasse mon chemin soit à l'armée, soit à la cour.

— Et quand tu seras parti, dis-moi, Bernard, que deviendrai-je ?

— Vous serez heureuse et fière en apprenant les succès de votre fils.

— Et si tu es tué dans quelque bataille ?

— Qu'importe ! qu'est-ce que la vie ? est-ce qu'on y songe ? On ne songe qu'à la gloire quand on a vingt ans et qu'on est gentilhomme. Et me voyez-vous, ma mère, revenir près de vous, dans quelques années colonel ou maréchal de camp, ou bien avec une belle charge à Versailles ?

— Eh bien ! qu'en arrivera-t-il ?

— Il arrivera que je serai ici respecté et considéré.

— Et après ?

— Que chacun m'ôtera son chapeau.

— Et après ?

— Que j'épouserai ma cousine Henriette, que je marierai mes jeunes sœurs, et que nous vivrons tous avec vous, tranquilles et heureux dans mes terres de Bretagne.

— Et qui t'empêche de commencer dès aujourd'hui ? Ton père ne nous a-t-il pas laissé la plus belle fortune du pays ? Y a-t-il, à dix lieues à la ronde, un plus riche domaine et un plus beau château que celui de la Roche-Bernard ? n'y es-tu pas considéré de tes vassaux ? en manque-t-il, quand tu traverses le village, pour te saluer et t'ôter leur chapeau ? Ne nous quitte pas, mon fils ; reste près de tes amis, près de tes sœurs, près de ta vieille mère, qu'au retour peut-être tu ne retrouveras plus ; ne va pas dépenser en vaine gloire, ou abréger par des soucis ou des tourmens de toute espèce, des jours qui déjà s'écoulent si vite : la vie est une douce chose, mon fils, et le soleil de Bretagne est si beau !

En disant cela, elle me montrait par les fenêtres du salon les belles allées de mon parc, les vieux marronniers en fleurs, les lilas, les chèvrefeuilles dont le parfum embaumait les airs et dont la verdure étincelait au soleil. Dans l'antichambre se tenaient le jardinier et toute sa famille, qui, tristes et silencieux, semblaient aussi me dire : Ne partez pas notre jeune maître, ne partez pas. Hortense, ma sœur aînée, me serrait dans ses bras, et Amélie, ma petite sœur, qui était dans un coin du salon, occupée à regarder les gravures d'un volume de La Fontaine, était s'approchée de moi en me présentant le livre :

— Lisez, lisez, mon frère, me disait-elle en pleurant...

C'était la fable des *deux Pigeons* !... Je me levai brusquement, je les repoussai tous.

— J'ai vingt ans, je suis gentilhomme ; il me faut de l'honneur, de la gloire... laissez-moi partir.

Et je m'élançai dans la cour. J'allais monter dans la chaise de poste, lorsqu'une femme parut sur le perron de l'escalier. C'était Henriette ! elle ne pleurait pas... elle ne prononçait pas une parole... mais, pâle et tremblante, elle se soutenait à peine. De son mouchoir blanc, qu'elle tenait à la main, elle me fit un dernier signe d'adieu, et elle tomba sans connaissance. Je courus à elle, je la relevai, je la serrai dans mes bras, je lui jurai amour pour la vie ; et, au moment où elle revenait à elle, la laissant aux soins de ma mère et de ma sœur, je courus à ma voiture sans m'arrêter, sans retourner la tête. Si j'avais regardé Henriette, je ne serais point parti.

Quelques minutes après, la chaise de poste roulait sur la grand'route.

Pendant long-temps je ne pensai qu'à mes sœurs, à Henriette, à ma mère et à tout le bonheur que je laissais derrière moi ; mais ces idées s'effaçaient à mesure que les tourelles de la Roche-Bernard se dérobaient à ma vue, et bientôt des rêves d'ambition et de gloire s'emparèrent seuls de mon esprit. Que de projets ! que de châteaux en Espagne ! que de belles actions je me créais dans ma chaise de poste ! richesses, honneurs, dignités, succès en tout genre, je ne me refusais rien ; je méritais et je m'accordais tout ;

enfin, m'élevant en grade à mesure que j'avançais en route, j'étais duc et pair, gouverneur de province et maréchal de France, quand j'arrivai le soir à mon auberge. La voix de mon domestique, qui m'appelait modestement *monsieur le chevalier*, me força seule de revenir à moi et d'abdiquer.

Le lendemain et les jours suivans, mêmes rêves, même ivresse, car mon voyage était long. Je me rendais aux environs de Sedan, chez le duc de C..., ancien ami de mon père et protecteur de ma famille. Il devait m'emmener avec lui à Paris, où il était attendu à la fin du mois; il devait me présenter à Versailles, et me faire obtenir une compagnie de dragons, par le crédit d'une sœur à lui, la marquise de F..., jeune femme charmante, désignée par l'opinion générale à la survivance de madame de Pompadour, place dont elle réclamait le titre avec d'autant plus de justice que depuis longtemps déjà elle en remplissait les fonctions honorables.

J'arrivai le soir à Sedan, et ne pouvant pas, à l'heure qu'il était, me rendre au château de mon protecteur, je remis ma visite au lendemain, et j'allai loger aux Armes de France, le plus bel hôtel de la ville, rendez-vous ordinaire de tous les officiers, car Sedan est une ville de garnison, une place forte; les rues ont un aspect guerrier, et les bourgeois même une tournure martiale qui semble dire aux étrangers: Nous sommes compatriotes du grand Turenne!

Je soupai à table d'hôte, et je demandai le chemin qu'il fallait suivre pour me rendre le lendemain au château du duc de C..., situé à trois lieues de la ville.

— Tout le monde vous l'indiquera, me dit-on; il est assez connu dans le pays. C'est dans ce château qu'est mort un grand guerrier, un homme célèbre, le maréchal Fabert.

Et la conversation tomba sur le maréchal Fabert. Entre jeunes militaires c'était tout naturel; on parla de ses batailles, de ses exploits, de sa modestie, qui lui fit refuser les lettres de noblesse et le collier de ses ordres que lui offrait Louis XIV; on parla surtout de l'inconcevable bonheur qui, de simple soldat, l'avait fait parvenir au rang de maréchal de France, lui donnant le fils d'un imprimeur: c'était le seul exemple qu'on pouvait citer alors d'une pareille fortune, qui, du vivant même de Fabert, avait paru si extraordinaire, que le vulgaire n'avait pas craint d'assigner à son élévation des causes surnaturelles. On disait qu'il s'était occupé dès son enfance de magie, de sorcellerie; qu'il avait fait un pacte avec le diable.

Et notre aubergiste, qui à la bêtise d'un Champenois joignait la crédulité de nos paysans bretons, nous attesta avec un grand sang-froid qu'au château du duc de C..., où Fabert était mort, on avait vu un homme noir, que personne ne connaissait, pénétrer dans sa chambre et disparaître, emportant avec lui l'âme du maréchal, qu'il avait autrefois achetée et qui lui appartenait; et que, même maintenant encore, dans le mois de mai, époque de la mort de Fabert, on voyait apparaître le soir une petite lumière portée par l'homme noir.

Ce récit égaya notre dessert, et nous bûmes une bouteille de vin de Champagne au démon familier de Fabert, en le priant de vouloir bien aussi nous prendre sous sa protection, et nous faire gagner quelques batailles comme celles de Collioure et de La Marfée.

Le lendemain, je me levai de bonne heure, et je me rendis au château du duc de C..., immense et gothique manoir, qu'en tout autre moment je n'aurais peut-être pas remarqué, mais que je regardais, j'en conviens, avec une curiosité mêlée d'émotion, en me rappelant le récit que nous avait fait, la veille, l'aubergiste des Armes de France.

Le valet à qui je m'adressai me répondit qu'il ignorait si son maître était visible et surtout s'il pouvait me recevoir. Je lui donnai mon nom, et il sortit en me laissant seul dans une espèce de salle d'armes décorée d'attributs de chasse et de portraits de famille.

J'attendis quelque temps, et l'on ne venait pas. Cette carrière de gloire et d'honneur que j'avais rêvée commence donc par l'antichambre! me disais-je; et, solliciteur mécontent, l'impatience me gagnait; j'avais déjà compté deux ou trois fois tous les portraits de famille et toutes les poutres du plafond, lorsque j'entendis un léger bruit dans la boiserie. C'était une porte mal fermée que le vent venait d'entr'ouvrir. Je regardai, et j'aperçus un fort joli boudoir, éclairé par deux grandes croisées et une porte vitrée qui donnaient sur un parc magnifique. Je fis quelques pas dans cet appartement, et je m'arrêtai à la vue d'un spectacle qui d'abord n'avait pas frappé mes yeux. Un homme, le dos tourné à la porte par laquelle je venais d'entrer, était couché sur un canapé. Il se leva, et, sans m'apercevoir, courut brusquement à la croisée. Des larmes sillonnaient ses joues, un profond désespoir paraissait empreint sur tous ses traits. Il resta quelque temps immobile et la tête cachée dans ses mains; puis il commença à se promener à grands pas dans l'appartement. J'étais alors près de lui; il m'aperçut et tressaillit; moi-même, désolé et tout étourdi de mon indiscrétion, je voulais me retirer en balbutiant quelques mots d'excuse.

— Qui êtes-vous? que voulez-vous? me dit-il d'une voix forte et me retenant par le bras.

— Je suis le chevalier Bernard de la Roche-Bernard, et j'arrive de Bretagne...

— Je sais, je sais, me dit-il; et il se jeta dans mes bras, me fit asseoir à côté de lui, me parla vivement de mon père et de toute ma famille, qu'il connaissait si bien que je ne doutai point que ce ne fût le maître du château.

— Vous êtes M. C...? lui dis-je.

Il se leva, et, me regardant avec exaltation, il me répondit: Je l'étais, je ne le suis plus, je ne suis plus rien; et, voyant mon étonnement, il s'écria: Pas un mot de plus, jeune homme, ne m'interrogez pas!

— Si, monsieur; j'ai été témoin, sans le vouloir, de votre chagrin et de votre douleur, et si mon dévouement et mon amitié peuvent y apporter quelque adoucissement...

— Oui, oui, vous avez raison; non que vous puissiez rien changer à mon sort, mais vous recevrez du moins mes dernières volontés et mes derniers vœux... C'est le seul service que j'attends de vous.

Il alla fermer la porte, et revint s'asseoir près de moi, qui, ému et tremblant, attendais ses paroles; elles avaient quelque chose de grave et de solennel. Sa physionomie surtout avait une expression que je n'avais encore vue à personne. Ce front que j'examinais attentivement semblait marqué par la fatalité. Sa figure était pâle; ses yeux noirs lançaient des éclairs, et, de temps en temps, ses traits, quoique altérés par la souffrance, se contractaient par un sourire amer et infernal.

— Ce que je vais vous apprendre, reprit-il, va confondre votre raison. Vous douterez... vous ne croirez pas... moi-même bien souvent je doute encore..., je le voudrais, du moins; mais les preuves sont là, et il y a dans tout ce qui nous entoure, dans notre organisation même, bien d'autres mystères que nous sommes obligés de subir sans pouvoir les comprendre.

Il s'arrêta un instant comme pour recueillir ses idées, passa la main sur son front, et continua:

» Je suis né dans ce château, j'avais deux frères, mes aînés, à qui devaient revenir les biens et les honneurs de
» notre maison. Je n'avais rien à attendre que le manteau
» d'abbé et le petit collet, et cependant des pensées d'ambition et de gloire fermentaient dans ma tête et faisaient
» battre mon cœur. Malheureux de mon obscurité, avide
» de renommée, je ne rêvais qu'aux moyens d'en acquérir, et cette idée me rendait insensible à tous les plaisirs
» et à toutes les douceurs de la vie. Le présent ne m'était
» rien; je n'existais que dans l'avenir, et cet avenir se présentait à moi sous l'aspect le plus sombre.

» J'avais près de trente ans, et je n'étais rien encore.
» Alors, et de tous côtés, s'élevaient dans la capitale des

» réputations littéraires dont l'éclat retentissait jusqu'en
» notre province.
» — Ah ! me disais-je souvent, si je pouvais du moins
» me faire un nom dans la carrière des lettres ! ce serait
» toujours de la renommée, et c'est là seulement qu'est le
» bonheur.
» J'avais pour confident de mes chagrins un ancien do-
» mestique, un vieux nègre, qui était dans ce château bien
» avant ma naissance ; c'était à coup sûr le plus âgé de la
» maison, car personne ne se rappelait l'y avoir vu entrer ;
» les gens du pays prétendaient même qu'il avait connu le
» maréchal Fabert, et assisté à sa mort... »

En ce moment mon interlocuteur me vit faire un geste
de surprise ; il s'arrêta et me demanda ce que j'avais.
— Rien, lui dis-je.—Mais malgré moi je pensai à l'homme noir dont nous avait parlé la veille notre aubergiste.
Monsieur de C... continua :

« Un jour, devant Yago (c'était le nom du nègre), je me
» laissai aller à mon désespoir sur mon obscurité et sur
» l'inutilité de mes jours, et je m'écriai :
» — *Je donnerais dix années de ma vie* pour être placé au
» premier rang de nos auteurs.
» — Dix ans, me dit-il froidement, c'est beaucoup ; c'est
» payer cher bien peu de chose ; n'importe, j'accepte vos
» dix ans. Je les prends ; rappelez-vous vos promesses, je
» tiendrai les miennes.
» Je ne vous peindrai pas ma surprise en l'entendant parler
» ainsi. Je crus que les années avaient affaibli sa raison ; je
» haussai les épaules en souriant, et je quittai, quelques
» jours après, ce château, pour faire un voyage à Paris. Là
» je me trouvai lancé dans la société des gens de lettres.
» Leur exemple m'encouragea, et je publiai plusieurs ou-
» vrages dont je ne vous raconterai pas ici le succès... Tout
» Paris s'empressa d'y applaudir ; les journaux retentirent
» de mes louanges ; le nouveau nom que j'avais pris devint
» célèbre, et hier encore, jeune homme, vous-même l'ad-
» miriez... »

Ici un nouveau geste de surprise interrompit ce récit...
— Vous n'êtes donc pas monsieur le duc de C... ? m'é-
criai-je.
— Non, répondit-il froidement.
Et je me dis en moi-même : Un homme de lettres cé-
lèbre... Est-ce Marmontel ? Est-ce d'Alembert ? Est-ce
Voltaire ?

Mon inconnu soupira ; un sourire de regret et de mépris
vint effleurer ses lèvres, et il reprit son récit :

« Cette réputation littéraire que j'avais enviée fut bien-
» tôt insuffisante pour une âme aussi ardente que la
» mienne. J'aspirais à de plus nobles succès, et je disais
» à Yago, qui m'avait suivi à Paris et qui ne me quittait
» plus : il n'y a de gloire réelle, il n'y a de véritable re-
» nommée que celle que l'on acquiert dans la carrière des
» armes. Qu'est-ce qu'un homme de lettres, un poète ?
» Rien. Parlez-moi d'un grand capitaine, d'un général
» d'armée : voilà le destin que j'envie, et pour une grande
» réputation militaire je donnerais dix des années qui me
» restent.
» Je les accepte, me répondit Yago ; je les prends ; elles
» m'appartiennent : ne l'oubliez pas. »

A cet endroit de son récit, l'inconnu s'arrêta encore ;
et voyant l'espèce de trouble et d'hésitation qui se peignait
dans tous ses traits :

« Je vous l'avais bien dit, jeune homme ; vous ne pou-
» vez me croire, tout ceci vous semble un rêve, une chi-
» mère !... à moi aussi... Et cependant les grades, les hon-
» neurs que j'ai obtenus n'étaient point une illusion ; ces
» soldats que j'ai conduits au feu, ces redoutes enlevées,
» ces drapeaux conquis, ces victoires dont la France a re-
» tenti... tout cela fut mon ouvrage, toute cette gloire m'a
» appartenu.

Pendant qu'il marchait à grands pas, et qu'il parlait
ainsi avec chaleur, avec enthousiasme, la surprise avait
glacé tous mes sens, et je me disais : Qui donc est là près
de moi ?... Est-ce Coigny ?... Est-ce Richelieu ?... Est-ce le
maréchal de Saxe... ?

De cet état d'exaltation mon inconnu était retombé dans
l'abattement, et, s'approchant de moi, il me dit d'un air
sombre :

« Yago avait dit vrai ; et quand, plus tard, dégoûté de
» cette vaine fumée de gloire militaire, j'aspirais à ce qu'il
» y a seulement de réel et de positif dans ce monde ;
» quand, au prix de cinq ou six années d'existence, je dé-
» sirai l'or et les richesses, il me les accorda encore... Oui,
» jeune homme, oui, j'ai vu la fortune seconder, surpasser
» tous mes vœux ; des terres, des forêts, des châteaux... Ce
» matin encore, tout cela était en mon pouvoir ; et vous
» doutez de moi, si vous doutez d'Yago... attendez... at-
» tendez... il va venir... et vous allez voir par vous-même,
» par vos yeux, que ce qui confond votre raison et la
» mienne n'est malheureusement que trop réel. »

L'inconnu s'approcha alors de la cheminée, regarda la
pendule, fit un geste d'effroi, et me dit à voix basse :

« Ce matin, au point du jour, je me sentis si abattu et si
» faible, que je pouvais à peine me soulever. Je sonnai
» mon valet de chambre. Ce fut Yago qui parut.
» — Qu'est-ce donc que j'éprouve ? lui dis-je.
» — Maître, rien que de très-naturel. L'heure approche,
» le moment arrive.
» — Et lequel ? lui dis-je.
» — Ne le devinez-vous pas ? Le ciel vous avait destiné
» soixante ans à vivre ; vous en aviez trente quand j'ai
» commencé à vous obéir.
» — Yago, lui dis-je avec effroi, parles-tu sérieuse-
» ment ?
» — Oui, maître, en cinq ans vous avez dépensé en gloi-
» re vingt-cinq années d'existence. Vous me les avez don-
» nées, elles m'appartiennent ; et ces jours dont vous êtes
» privé seront maintenant ajoutés aux miens.
» — Quoi ! c'était là le prix de tes services ?
» — D'autres les ont payés plus cher ; témoin Fabert,
» que je protégeais aussi.
» — Tais-toi, tais-toi, lui dis-je. Ce n'est pas possible, ce
» n'est pas vrai.
»—A la bonne heure ; mais préparez-vous, car il ne vous
» reste plus qu'une demi-heure à vivre.
» — Tu te joues de moi, tu me trompes.
» — En aucune façon : calculez vous-même. Trente-cinq
» ans où vous avez vécu réellement, et vingt-cinq que
» vous avez perdus ! Total, soixante. C'est votre compte ;
» chacun le sien.
» Et il voulait sortir... et je sentais mes forces diminuer,
» je sentais la vie m'échapper.
» — Yago ! Yago ! m'écriai-je, donne-moi quelques heu-
» res, quelques heures encore.
» — Non, non, répondit-il, ce serait maintenant le re-
» trancher de mon compte, et je connais mieux que vous
» le prix de la vie. Il n'y a pas de trésor qui puisse payer
» deux heures d'existence.
» Et je pouvais à peine parler ; mes yeux se voilaient,
» le froid de la mort glaçait mes veines.
» — Eh bien ! lui dis-je en faisant un effort, reprends
» ces biens pour lesquels j'ai tout sacrifié. Quatre heures
» encore, et je renonce à mon or, à mes richesses, à cette
» opulence que j'ai tant désirée.
» — Soit : tu as été bon maître, et je veux bien faire
» quelque chose pour toi ; j'y consens.
» Je sentis mes forces se ranimer, et je m'écriai : Quatre
» heures, c'est si peu de chose !... Yago !... Yago !... qua-

» tre autres encore, et je renonce à ma gloire littéraire, à
» tous mes ouvrages, à ce qui m'avait placé si haut dans
» l'estime du monde.

» — Quatre heures pour cela! s'écria le nègre avec dédain... C'est beaucoup; n'importe, je ne t'aurai point refusé ta dernière grâce.

» — Non pas la dernière, lui dis-je en joignant les mains... Yago! Yago! je t'en supplie, donne-moi jusqu'à ce soir, les douze heures, la journée entière, et que mes exploits, mes victoires, que ma renommée militaire, que tout soit effacé à jamais de la mémoire des hommes!... qu'il n'en reste plus rien sur la terre... Ce jour... Yago, ce jour tout entier, et je serai trop content.

» — Tu abuses de ma bonté, me dit-il, et je fais un marché de dupe. N'importe encore, je te donne jusqu'à coucher du soleil. Après cela, ne me demande plus rien.

» A ce soir donc! je viendrai te prendre. »

— Et il est parti, poursuivit l'inconnu avec désespoir, et ce jour où je vous parle est le dernier qui me reste! Puis, s'approchant de la porte vitrée qui était ouverte et qui donnait sur le parc, il s'écria : Je ne verrai plus ce beau ciel, ces verts gazons, ces eaux jaillissantes; je ne respirerai plus l'air embaumé du printemps. Insensé que j'étais! Ces biens que Dieu donne à tous, ces biens auxquels j'étais insensible et dont maintenant seulement je comprends la douceur, pendant vingt-cinq ans encore je pouvais en jouir! Et j'ai usé mes jours, je les ai sacrifiés pour une vaine chimère, pour une gloire stérile qui ne m'a pas rendu heureux et qui est morte avant moi... Tenez... tenez, dit-il en me montrant des paysans qui traversaient le parc et se rendaient à l'ouvrage en chantant, que ne donnerais-je pas maintenant pour partager leurs travaux et leur misère!... Mais je n'ai plus rien à donner ni rien à espérer ici-bas, rien... pas même le malheur!

En ce moment un rayon de soleil, un soleil du mois de mai, vint éclairer ses traits pâles et égarés; il me saisissait le bras avec une espèce de délire, et me disait :

— Voyez... voyez donc! que c'est beau le soleil! et il faut quitter tout cela!... Ah! que du moins j'en jouisse encore!... Que je savoure en entier ce jour si pur et si beau... qui pour moi n'aura pas de lendemain!

Il s'élança en courant dans le parc ; et, au détour d'une allée, il disparut avant que j'aie pu le retenir.

A vrai dire, je n'en avais pas la force... j'étais retombé sur le canapé, étourdi, anéanti de tout ce que je venais de voir et d'entendre. Je me levai, je marchais pour bien me convaincre que j'étais éveillé, que je n'étais pas sous l'influence d'un songe... En ce moment la porte du boudoir s'ouvrit, et un domestique me dit :

— Voici mon maître, monsieur le duc de C....

Un homme d'une soixantaine d'années et d'une physionomie distinguée s'avança, et, me tendant la main, me demanda pardon de m'avoir fait attendre aussi long-temps.

— Je n'étais pas au château, me dit-il ; je viens de la ville, où j'ai été consulter pour la santé du comte de C..., mon frère cadet.

— Ses jours seraient-ils en danger ? m'écriai-je.

— Non, monsieur, grâce au ciel, me répondit le duc ; mais dans sa jeunesse des idées d'ambition et de gloire avaient exalté son imagination, et une maladie fort grave qu'il a faite dernièrement, et où il a pensé périr, lui a laissé au cerveau une espèce de délire et d'aliénation, qui lui persuadent toujours qu'il n'a plus qu'un jour à vivre. C'est là sa folie.

Tout me fut expliqué !

— Maintenant, poursuivit le duc, venons à vous, jeune homme, et voyons ce que nous pouvons faire pour votre avancement. Nous partirons à la fin de ce mois pour Versailles. Je vous présenterai.

— Je connais vos bontés pour moi, monsieur le duc, et je viens vous en remercier.

— Quoi ! auriez-vous renoncé à la cour, et aux avantages que vous pouviez y attendre?

— Oui, monsieur.

— Mais songez donc que, grâce à moi, vous y ferez un chemin rapide, et qu'avec un peu d'assiduité et de patience... vous pouvez d'ici à une dizaine d'années...

— Dix années de perdues ! m'écriai-je.

— Eh bien ! reprit-il avec étonnement, est ce payer trop cher la gloire, la fortune, les honneurs ?... Allons, jeune homme, nous partirons pour Versailles.

— Non, monsieur le duc, je repars pour la Bretagne, et vous prie de nouveau de recevoir tous mes remercîmens et ceux de ma famille.

— C'est de la folie ! s'écria le duc.

Et moi, pensant à ce que je venais de voir et d'entendre, je me dis : C'est de la raison.

Le lendemain, j'étais en route : et avec quelles délices je revis mon beau château de la Roche-Bernard, les vieux arbres de mon parc, le beau soleil de la Bretagne ! J'avais retrouvé mes vassaux, mes sœurs, ma mère et le bonheur!... qui depuis ne m'a plus quitté, car huit jours après j'épousai Henriette.

FIN D PRIX DE LA VIE.

Typ. de Mme Ve DONDEY-DUPRE, rue St-Louis, 46, au Marais.

En Vente, chez **MICHEL LÉVY FRÈRES**, Libraires-Éditeurs.

LE THÉATRE CONTEMPORAIN ILLUSTRÉ

CHOIX DES PRINCIPALES PIÈCES DE

MM. Alexandre Dumas, Bazac, Eugène Sue, Scribe, Frédéric Soulié, Jules Sandeau, Bayard, Lockroy, Dumanoir, Anicet-Bourgeois, Léon Gozlan, Marc-Fournier, Mélesville, Duvert et Lauzanne, Dennery, Paul Féval, Félix Pyat, Bouchardy, Laroche et Marc Michel, Rosier, Michel Masson, Méry, de Saint-Georges, Jules de Prémaray, Henry Murger, Auguste Maquet, Émile Souvestre, Ferdinand Dugué, Cogniard frères, Amédée Achard, Léon Guillard, Th. Barrière, A. Decourcelle, Michel Carré, Jules Barbier, Charles Desnoyer, Alphonse Royer, Gustave Vaëz, A. Lefranc, Delacour, etc., etc.

20 Centimes la Livraison. — Il en paraît une ou deux par Semaine

CHAQUE PIÈCE 20 CENTIMES
CHAQUE SÉRIE BROCHÉE SE COMPOSANT DE 5 PIÈCES, 1 FRANC.

PIÈCES EN VENTE :

Première Série. — Prix : 1 franc.
- Le Chiffonnier de Paris, drame en 5 actes, de Félix Pyat. . . . 20 c.
- La Closerie des Genêts, drame en 5 actes, de Frédéric Soulié. . 40
- Une Tempête dans un verre d'eau, comédie en 1 acte, de Léon Gozlan. .
- Le Morne au Diable, drame en 5 actes, d'Eugène Sue. 40
- Pas de Fumée sans Feu, comédie-vaudeville en 1 acte, de Bayard.

Deuxième Série. — Prix : 1 franc.
- Trois Rois, trois Dames, vaudeville en 3 actes, de Léon Gozlan. . 20 c.
- La Marâtre, drame en 5 actes, de Balzac. 40
- La Ferme de Primrose, comédie-vaud. en 3 actes, de Cormon et Dutertre.
- Le Chevalier de Maison-Rouge, drame en 5 actes, d'A. Dumas et Maquet. 40
- L'Habit vert, comédie en 1 acte, d'Alfred de Musset et Émile Augier.

Troisième Série. — Prix : 1 franc.
- Benvenuto Cellini, drame en 5 actes, de Paul Meurice.
- Frisette, comédie-vaudeville en 1 acte, de Labiche et Lefranc. . 40 c.
- Clarisse Harlowe, drame en 3 actes, de Dumanoir et Guillard.
- La Reine Margot, drame en 5 actes, d'Alexandre Dumas et A. Maquet. 40
- Jean le Pos... Ion., vaudeville en 1 acte, de Carmouche et Paul Vermond.

Quatrième Série. — Prix : 1 franc.
- Le Foi, l'Espérance et la Charité, drame en 5 actes, de Roder.
- Le Bal du Prisonnier, com.-vaud. en 1 acte, de Guillard et Decourcelle.
- Hamlet, drame en 5 actes, d'Alexandre Dumas et Paul Meurice.
- Le Lait d'ânesse, comédie-vaudeville en 1 acte, de Gabriel et Dupeuty.
- Hortense de Blangis, drame en 3 actes, de Frédéric Soulié. . . 20

Cinquième Série. — Prix : 1 franc.
- Le Fils du Diable, drame en 5 actes, de Paul Féval et Saint-Yves. } 40 c.
- Une Dent sous Louis XV, vaudeville en 1 acte, de Labiche et Lefranc.
- Le Livre noir, drame en 5 actes, de Léon Gozlan. 40
- Midi à quatorze heures, comédie-vaudeville en 1 acte de Th. Barrière.
- La Petite Fadette, pièce en 2 actes, d'après Georges Sand. . . 20

LE MUSÉE LITTÉRAIRE DU SIÈCLE

Choix des meilleurs ouvrages de MM. de LAMARTINE, Alexandre DUMAS, de BALZAC, Jules JANIN, Eugène SUE, Émile de GIRARDIN, Charles de BERNARD, Frédéric SOULIÉ, Jules SANDEAU, MÉRY, Alphonse KARR, Léon GOZLAN, Félix PYAT, Émile SOUVESTRE, SCRIBE, Paul FÉVAL, Louis DESNOYERS, Emmanuel GONZALÈS, Marc FOURNIER, SAINTINE, Michel MASSON, Émile MARCO DE SAINT-HILAIRE, etc., etc.

Il paraît deux Livraisons par semaine ou une Série tous les quinze jours.

20 centimes la livraison composée de 24 pages.

EN VENTE. OUVRAGES COMPLETS :

ALEXANDRE DUMAS

	vol.	Prix :	
Les Trois Mousquetaires.	—	—	1 50
Vingt ans après.	—	—	2 »
Le Vicomte de Bragelonne.	—	—	4 50
Le Chevalier de Maison-Rouge.	—	—	1 10
Le Comte de Monte-Cristo.	—	—	3 60
La Reine Margot.	—	—	1 50
Ascanio.	—	—	1 30
La Dame de Monsoreau.	—	—	2 20
Amaury.	—	—	» 90
Les Frères corses.	—	—	» 50
Les Quarante-cinq.	—	—	2 20
Les deux Diane.	—	—	2 »

LÉON GOZLAN

Les Nuits du Père-Lachaise.	—	—	1 10

PAUL FÉVAL

Les Mystères de Londres.	—	—	3 »
Les Amours de Paris.	—	—	1 75

ALPHONSE KARR

Sous les Tilleuls.	—	—	» 90

FRÉDÉRIC SOULIÉ

Saturnin Fichet.	—	—	2 »

EUGÈNE SUE

	vol.	Prix :	
Les Sept Péchés capitaux.	—	—	» »
Chaque ouvrage se vend séparément.			
L'Orgueil.	—	—	» 50
L'Envie.	—	—	» 90
La Colère.	—	—	» 70
La Luxure.	—	—	» 70
La Paresse.	—	—	» 50
L'Avarice.	—	—	» 50
La Gourmandise.	—	—	» 50
Les Enfants de l'Amour.	—	—	» »
La Bonne Aventure.	—	—	1 50
L'Institutrice.	—	—	» 90

MÉRY.

Florido.	—	—	» 50
Floride.	—	—	» 70
Guerre du Nizam.	—	—	1 »

CHARLES DE BERNARD

La Femme de 40 ans.	—	—	» 30
Un acte de Vertu et la Peine du Talion.	—	—	» 50
L'... d'argent.	—	—	» 40

EUGÈNE SCRIBE

Carlo Broschi.	—	—	» »
La Maîtresse anonyme.	—	—	» »
Judith ou la loge d'opéra.	—	—	» 20
Proverbes.	—	—	» 70

Paris. — Typographie de M⁽ᵐᵉ⁾ V⁽ᵉ⁾ Dondey-Dupré, rue Saint-Louis, 46, au Marais.

www.ingramcontent.com/pod-product-compliance
Lightning Source LLC
Chambersburg PA
CBHW071426060426
42450CB00009BA/2034